나는 이렇게
나이들고 싶다

KANPON KAIROUROKU by Ayako Sono
©1999 by Ayako Sono
Original Japanese edition published by Shodensha Publishing Co., Ltd.
Korean translation rights arranged with Shodensha Publishing Co., Ltd.
through Japan Foreign-Rights Centre/Imprima Korea Agency

이 책의 한국어판 저작권은 일본 저작권 수출 센터와 임프리마 코리아 에이전시를 통해
일본 '쇼덴샤'와 독점 계약한 '도서출판 리수'에 있습니다.
저작권법에 의해 한국 내에서 보호받는 저작물이므로 무단 전재나 무단 복제를 금합니다.

※ 이 책은 나이드신 분들의 독서를 돕기 위해 친환경 재생지인
　한솔제지 이라이트를 사용하여 무게를 가볍게 했음을 알려드립니다.

나는 이렇게
나이들고 싶다

소노 아야코의 계로록(戒老錄) 오경순 옮김

리수

계획한 대로의 인생이 있을까

언제부턴가 나는 노년에 경계해야 할 것들을 꼭 써보리라 마음먹기 시작했다. 그러한 생각이 싹튼 것은 내가 서른 일곱 살 생일을 맞이했던 날부터였다고 생각된다. 서른 일곱 번째의 생일날 '자아, 이제 나도 인생의 후반부에 들어섰구나' 하며 스스로 각오를 다졌던 기억이 난다.

나는 내 자신의 젊음에 대해 집착한 경험은 별로 없다. 젊음이란, 미숙하고 어딘지 모르게 창피스러웠으며, 우스꽝스럽기조차 했다. '안정'이라는 면에서 보더라도 스물 다섯 살 때의 나의 모습보다는 서른 일곱 살의 모습이 그런대로 조금은 미덥게 생각되었다.

스물 다섯 살 때, 나는 얼마나 속이 좁았던가. 사람들은 속이 좁은 것을 순수하다고 하는 것일까. 나는 어떤 의미에서는 그늘진 가정 환경에서 자랐기 때문에 어릴 적부터 단 한 번도 순수했었다는 기억은 가지고 있지 않다. 나는 순수하지도 않으면서 그저 속이 좁았을 뿐이었다.

그런데 40이 가까워지면서 조금씩 달라졌다. 그것은 내가 타인의 입장을 헤아릴 수 있는 기술을 뒤늦게나마 조금씩 터득하기 시작한 것과 때를 같이 한다고 하면 이 또한 무슨 그럴싸한 체면치레의 말이란 말인가. 다시 말하면 나는 그만큼 적당주의자가 되어버린 것이다. 적당주의

5

자인 자신을 인정하기 위해서는 형편상 타인의 적당주의도 인정하지 않으면 안 된다. 나는 누구에게나 그 사람이 다름아닌 그 사람이라는 필연적인 이유가 배후에 있다는 사실을 조금이나마 분명히 실감할 수 있게 된 것이다. 그리하여 더욱더 내 사고의 논리성에 혼란이 더해졌고, 애매모호해졌으며 반사회적이 되었다.

그러나 실은 내가 이 혼란을 즐기며 받아들이려는 경향도 있었다. 남들은 어떨지 모르지만 나에게 있어서는 나이가 들고 세상이 눈에 보이기 시작한다는 것은 이 새로운 혼란을 제대로 보는 입장에 처해지는 일이라고 생각했기 때문이다. 나는 젊었을 때보다도 복잡하게 몇 겹으로 가리워진 사물의 내면을 생각할 수 있게 되었다. 그러나 이 말은 사물의 배후에 있는 무한한 깊이와 숨겨진 부분이 보이게 된다는 것이며 한 발자국 앞으로 나아갈 때마다 점점 더 보이지 않는 부분이 있음을 깨닫는 것일 뿐이었다.

"나이 40에 불혹(不惑)이라"는 말은 나의 체험에 따르면 한 단계 표현이 생략되어 있는 것이라고 생각된다. 40세가 되어도 도저히 앞을 제대로 내다볼 수 없다는 절망감이 꽤 분명해지기 때문에, 많은 기대를 하지 않게 되고 따라서 최선이 아닌 차선이나 혹은 그 다음의 길도 담담히 선택하게 되는 것이다.

인생의 후반기에 접어든 나는 결코 젊지는 않지만 노인의 심경을 이해하기에는 아직도 거리가 있다. 따라서 노인의 마음을 이해한다고 말한다면 선배들에게 실례를 범하는 일이 될 것이다. 현실과 예감은 명백하게 다르다. 그러나 나는 그 예감에 사로잡혔던 것이다. 어쩌면 부모 세대와 함께 살아가면서 나이듦의 어려움을 절실히 느꼈기 때문인지도 모른다.

나는 기회가 있을 때마다 '어떠한 노인이 되고 싶은가'를 생각하게 되었다. 훌륭하게 늙어가는 작업을 나이 들어서 시작한다면 이미 때늦은 게 아닐까? 어린아이 때 어른이 될 준비를 하듯 노인이 되기 위해 인간은 어쩌면 중년부터 차차 준비해야 하지 않을까? 준비했다고 해서 결코 '유비무환'이 될 수는 없다. 지금의 노인 세대도 중년에는 전쟁 전 일본의 사회 형태를 근거로 노년의 생활 설계를 했을 것이다. 돈을 모으고 스스로 시부모를 섬겨온 것처럼 자신도 나이가 들면 틀림없이 또 며느리가 돌보아주리라 생각했을 것이다.

그러나 경제적으로도 의식적으로도 그들의 계획은 사사건건 어긋났던 것이다. 하지만 그 점에 있어서 나는 그 세대의 사람들을 특별히 동정하려는 마음은 없다. 바꾸어 말해 계획대로 된 인생이 과연 있을 수 있는 것일까?

젊음을 유지하는 방법 같은 것은 있을 수 없다

나의 어린 시절에 커다란 심리적 영향을 준 제2차 세계대전은 온갖 사상과 국가 형태가 무너져버리는 모습을 생생하게 보여주었다. 나는 예측 불가능한 일과 붕괴의 감각에 익숙해져버린 것이다. 또 한 가지 그러한 혼란의 소용돌이 속에서 극소수 위대한 의지의 소유자 이외의 서민들은 모두 근본 자세에 있어서 비겁자가 될 수밖에 없다는 사실도 알게 되었다. 이러한 생각은 나의 잘못된 생각일지도 모른다. 그러나 그렇다고 해서 나는 염세적이지도 않았고, 소위 인간 불신에 빠지지도 않았다. 그것이 나의—부족하나마—인간 파악의 한 방법이었다.

지금 나는 스스로의 노년을 전망하면서, 그것이 전혀 무의미한 작업이 될지도 모른다는 것은 절실히 느끼고 있다.

첫째로 나의 이 메모는 평화적 상태를 기본으로 생각하고 있는 것이지만, 3, 40년 후에는 전란의 황야에 서 있을지도 모르는 일이다. 물론 그러한 일이 있어서는 안 되겠지만, 평화의 상태에서 생각할 수 있는 불안이나 증오는 전란 중에는 전혀 흔적조차 찾아볼 수 없을 뿐 아니라 새로운 동물적인 인간 관계가 생겨날 수도 있는 것이다.

두 번째로 나는 살아 있지 않을 수도 있다. 노년을 체험하지 못하는 것은, 일종의 인생의 결핍이긴 하지만, 그것도 이미 짜여진 인간의 한 운명이다. 그리고 노년을 맞이하지 않는 사람이 노후 걱정 등을 하는 것은 기우(杞憂)라기보다는 해학이다.

나는 게으름 피우기를 좋아해서, 꼭 필요한 것이라도 가능한 한 하지 않고 넘어가고 싶은 정도이니 살아 있지 않을 것이 틀림없다면 결코 이런 쓸데 없는 일은 하지 않을 것이다. 그러나 인간은 우스꽝스럽고, 헛

된 일도 가끔은 해야 할 입장에 처하게끔 된다.

내가 실제로 한 권의 노트에 메모를 쓰기 시작한 것은 1971년의 11월이었는데, 그것이 꼭 우연만은 아니라고 생각한다. 1971년 9월, 나는 만 40세가 되었다. 그 당시 유럽에 있었고, 10월 말이 되어서 일본에 귀국했다. 유럽 여행길에서 나는 아우슈비츠에 들러 엄청난 충격을 받았다. 나는 태어나서 처음이라고 해도 좋을 만큼, 신과 인간의 문제가 계속 나의 마음을 짓눌렀다. 그 다음 달부터 나는 이런 글들을 쓰기 시작한 것 같다.

그 당시 '이제 나는 40세나 되었으니 서둘러야지'라고 마음먹었던 것을 기억하는데, 언제든지 쓸 수 있다고 생각해오는 동안, 내 나름대로 머리 속에 그려왔던 노인상과 현실의 내가 하나가 되어버릴 것 같은 생각이 들었기 때문이다. 흔히 노인들은 '젊은이들은 노인들의 기분을 모른다'고 한다. 정말 그런 것 같은 생각도 들지만, 이 경우의 젊은이들이란 타인들이다. 그러나 나는 하나의 실험처럼, 나이가 들고나서 내가 40세에 쓴 것을 다시 읽어 고치고, 미숙한 사고나 오기를 부렸던 나의 젊음을 내 스스로 고발해야겠다는 생각이 들었다.

동인(同人) 잡지에 참여한 18세 이후, 나는 이렇다 할 글을 노트에 쓰거나 하지는 않았다. 내 소설을 동인이 잡지에 게재해줄지 어떤지를 몰랐지만 언젠가 누군가는 읽어줄 것으로 기대해서 원고지에 썼던 것이다. 그러나 이번만은 주저 없이 노트에 쓰고 누구에게도 보여주지 않으려 했다.

그런데 이런 것이 활자화된 것은 다양한 시대의 흐름에서 비롯됐다. 게으름뱅이인 내가 그 흐름을 타는 일에, 처음에는 대단히 망설였지만 결국 출판해주시겠다는 분의 말을 그대로 따르기로 했다. 일반적인 처신법으로서, 무엇인가에 휩쓸려가는 느낌만큼 마음 편하고 기분 좋은 것은 없기 때문이다.

젊음을 유지하는 비결이나, 나의 노화 방지책 따위를, 신문사나 잡지사로부터 질문받을 때마다, "젊음을 유지하는 방법이란 애당초 없다고 생각한다"고 대답하고, "노화 방지에 관하여 내 나름대로의 '계로록'을 쓰고 있습니다"라고 대답했던 것이 이 책을 출판하게 된 발단이다.

더욱이 '계로록(戒老錄)'이란 어마어마한 표제를 붙이기는 정작 난처하다는 생각이 들었다. '계로(戒老) 메모'는 어떠냐고 내가 제안하니 출판사 측에서 호소력이 없다고 거절했다. "그렇습니까?" 하고 나는 물러섰다. 나는 늘 책의 내용은 다소 걱정스럽지만 책의 제목은 아무래도 상관없다고 생각해버리곤 하기 때문이다.

그러나 지금도 이 책을 내는 일에 망설임을 느낀다. 그 이유는 이 책이 언뜻 보면 노인을 고발하는 내용을 담고 있는 것처럼 보이기 때문이다. 나는 책방 주인이 이 보잘것없는 메모를 60세 이상의 분들에게는 팔지 않기를 희망한다. 정말로 이 문구를 표지의 일부분에라도 '서점 주인에게 바람'이라는 식으로 인쇄하고 싶을 정도이다. 그러나 이런 말이 일종의 비위에 거슬리는 선전 문구로 생각될 수도 있을 것 같아 나는 아무 말도 하지 않기로 했다.

사람을 믿는 일과 믿지 않는 일

앞에서 언급했듯이 이책은 어디까지나 아직은 노인이 아닌 나를 향해 쓴 것이다. 이 책의 내용에 해당되지 않는 노인 분들을 향해 흠을 들추어내기 위해 쓴 것은 결코 아니며, 혹시라도 이 내용이 자칫 잘못하여 젊은 세대들에게 노인을 향한 비난의 도구로 사용되는 일만은 없었으면 한다.

그러나 정말로 주저하는 이유는 따로 있다. 나는 지금까지 내 운명을 좌우할 만한 중요한 일에 있어서 예측한 대로 된 적이 단 한 번도 없었다. 물론 희망이 이루어진 적은 있었지만, 그것이 예측은 아니었던 것이다. 이 사실은 다시금 내게 좋지 않은 예감을 불러일으킨다. 나는 이 메모에 지극히 개인적 취향으로서의 바람직한 노인상을 썼다. 예측이 한 번도 그대로 들어맞은 적이 없으므로, 그 전례를 보더라도 내가 그런 노인이 될 수 없음을 안다. 어쩌면 나는 전혀 다른 종류의 정신을 품고 이와 같은 글을 쓴 나의 분신에 대해 격노하고 대들려는 것인지도 모른다.

이런 바보스러운 일을 애써 하지 않아도 좋으련만, 그러나 나는 최근 들어 점점 어리석음에도 호감을 갖게 되었다. 망설이거나 어리석거나 하는 일들이 없다면 그것은 인간이 아니다. 사람을 믿는 일과 동시에 믿지 않는 일도 필요하다. 사람을 믿지 않는 사람만이 있는 그대로의 인간을 인정하려는지도 모른다. 나는 전적으로 믿을 수 없는 내 자신을 꿇어 앉힐 수밖에는 없다.

이 메모는 앞에서 언급했다시피, 극도로 폐쇄적이고 개인적이고 게다가 이기적인 시점에서 쓰여졌다. 나 또한 철이 들면서 동시에 심리적으로 이중적 시각을 가지게 되었다. 사회의 일원으로서, 시민의 한 사람으로서 생각하거나, 바라거나 하는 것과 개인으로서 생각하는 것이 일치했던 일은 없었다.

나는 일본을 좋은 나라라고는 생각하지만, 대체로 국가라든가 사회라는 이름이 붙은 것들을 정말이지 근본부터 믿을 수가 없다. 왜냐하면, 그런 것들은 조직상 인간을 집단으로 취급하지만, 인간은 집단의 일원이라는 관점으로는 결코 근본적 해결이 불가능하기 때문이다.

내가 알던 노부인이 동맥경화증으로 쓰러져 사망하기까지 1년 정도를 의료 보험 환자로 병원에 입원한 일이 있었다. 그녀는 사물은 감지했으나 말도 하지 못하고 몸도 움직일 수가 없었다. 병원은 하루에 기저귀를 단 두 차례 정도 갈아주었을 뿐, 그 이상의 일손은 돌아가지 않았다. 그러므로 그녀가 젖지 않은 기저귀를 착용하고 있었던 시간은 극히 짧았음에 틀림없다. 그녀는 아무것도 없었다. 체력도 표현력도 돈도…. 나는 그러한 환자에게는 법으로 하루 6회 이상 기저귀를 갈아줄 것을 의무로 규정하기를 바란다. 잘은 모르지만, 인권이란 것은 아마 그런 것 일 거다. 적어도 1970년 초의 사회 상황은 그러했다.

나는 노인에 관한 이와 같은 일상 생활의 미비가 없어지기를 희망한다. 그리고 가까운 장래에 누워만 있고 아무것도 할 수 없게 될 노인의 식사 수발과 간병을 할 사람이 전혀 없는 그런 상황들도 개선될 사회가 오리라 믿고 싶으며, 틀림없이 오게 되리라고 생각한다.

그러나 나는 이미 지금까지 의, 식, 주의 문제가 충족된 사람이 빠지는 불행에 대해서도 지나치리 만큼 많이 보아왔다. 인간은 참으로 무한한 가능성을 가진 자이다. 동물로서의 생존에 적합한 환경을 부여받으면 받을수록, 인간의 정신은 또 다른 불만에 시달리게 된다. 하루 세 번의 식사를 제때에 할 수 없게 되면 그것이 불만의 명확한 목표가 되지만, 세 번의 식사가 제대로 되도, 그 식사의 질 또한 커다란 불만의 원인이 될 수 있다. 인간은 고독해도 괴롭지만, 집단에 속해 있어도 증오심를 갖게 된다. 사회의 한 시민으로서 나는 노후의 조직적인 수용 시설 등을 요구하지만, 사실 개인적으로는 그런 것을 전혀 믿지 않는다.

나는 극도로 개인적이고 이기적인 입장에서, 노인이 완전히 자기 자신을 잃어버리는 중증 치매에 대해서는 거의 공포감을 갖고 있지 않다. 내가 그렇게 되면 이미 나는 고통스럽지 않기 때문이다. 미안한 말이지만, 누군가가 이 점에 있어서 힘들다 해도 그것은 내가 알 바가 아니다. 그게 싫다면 내가 어딘가에 공공연하게 버려질 수도 있겠지만, 정신이 나간 상태이기 때문에 별로 외롭지도 괴롭지도 않을 것이므로 태연할 것이다.

내가 두려워하는 것은 내가 아직 의식이 남아 있는 상태일 때다. 늙음을 자각할 수 있고 주관적으로 괴로워할 입장에 놓여진 상태가 두려운 것이다. 내가 어떻게 해서든 불가능에 가까운 자기 구제를 시도하는 것, 이렇게 내면적으로 측정할 수 있는 늙음에 대한 것이다.

이 메모를 책으로 만들 때 조건의 하나로 나는 각 항목마다 페이지의 여백 부분을 남겨둘 것을 부탁했다. 원고의 매수가 부족해 일부러 여기저기를 공백으로 남겨서 책의 모양새를 갖추고자 한 것은 아니다.

이 메모 중에서 어느 한 항목을 예를 들어봐도 물론 그와 정반대의 살아가는 방법이 있음을 나는 인정한다. 정말이지 '인생에 정설은 없다'는 것이다. 나의 이 메모를 읽음으로써 아마도 이 진리는 확실하게 독자의 마음에 각인될 것이다. 나는 이 메모가 옳다고 생각해서 쓴 것은 아니다. 다만 이와 같은 생활 방식이 현재의 내게 '가장 바람직하게 생각'될 따름이다. 그것은 당연히 독자 개개인에 의해 시정되어야 한다. 여백은 그를 위한 것이다. 이 책의 진정한 의미는 독자 한 사람 한 사람이 써넣은 바로 그 여백에 있다. 나로서도, 또한 정정을 위해서도 그 여백은 반드시 필요하다.

1972년 10월 1일

내가 좋아하는 말은 '만년(晩年)'

이 책이 첫 출간된 후 10년이란 세월이 흘렀다. 그 동안 다행스럽게도 건강 덕분에 (눈 수술을 하여 시력을 되찾는 일은 있었지만) 비교적 충실한 10년 간을 보냈다. 그리고 50세가 되니, 나도 반 정도는 '당사자'가 된 기분이 든다.

노년이란 말을 '숙년(熟年)'이라는 말로 표현하기도 하지만, 나에게는 적합치 않다고 생각한다. 왜냐하면 나는 일찍이 성숙한 사람이었던 적이 없었고, 앞으로도 성숙하지 않은 채 메말라갈 것임에 틀림없다는 생각이 들기 때문이다.

내가 좋아하는 말은 '만년(晩年)'이다. 만년이란 나이에 관계없이 가능하며, 일종의 시적인 정적과 우아함을 풍긴다. 나는 지금 만년의 초입에 있다고 생각한다. 내가 죽음을 생각하지 않았던 날은 단 하루도 없었으나 지나간 이야기만 하는 일은 결코 없다. 나는 아직 현재와 미래의 한가운데에 존재한다. 그러나 확고부동하게 어김없는 만년이다. 하지만 나보다 약간 젊은 여의사 선생님이 이 만년이란 말이 나에게는 어울리지 않는다고 하여 웃었다. 만년이란 말은 좀더 원숙하며 품위가 있는 말이라고 한다.

돌이켜보면 나는 어려서부터 대단히 조숙한 편이었다. 소설가는 실제 나이보다 살아가는 자세에 있어서는 좀 주제넘은 면이 필요하므로 어쩌면 나는 글을 쓰기에는 적합한 사람이었는지도 모른다. 가장 바람직한 자세는 청년기에는 조숙하고 노년이 되어도 언제까지나 늙지 않는 것이지만 나는 조숙하면서도 매우 빨리 늙는 타입이라는 생각이 든다. 그래서 만년이란 말을 좋아한다. 그러나 만일 다른 사람보다 10년이나 20년 혹은 30년 빨리 만년을 실감을 한다면 그것 또한 나쁘지는 않다고 생각한다. 그만큼 오랜 기간 죽음을 계속 생각할 수 있다는 것은 결국 (정신적인) 하나의 사치일 테니까.

받음, 베풂

지난 10년 간 가끔 나는 몇 살부터 혹은 어떠한 사람이 노인인지를 생각해왔다. 연금을 받는 나이부터, 혹은 정년 퇴직을 한 나이부터와 같은 구분 방법은 아무런 신뢰성이 없었다. 인간의 노화 정도는 사실 사람에 따라 천차만별이기 때문이다. 좀더 엄밀하게 말하면 한 인간을 보더라도 몸 안 장기 하나 하나의 노화 진행 정도까지도 가지각색이다. 나의 경우 관절은 비교적 유연하고 행동도 민첩하나, 선천적인 근시 탓에 눈의 노화는 다른 사람보다 20년 혹은 40년 정도 빨리 나타났다.

따라서 나는 지금 비교적 누구에게도 들어맞고, 또 주관과 객관이 일치하는 방법으로서 '받는 것'을 요구하게 된 사람을 나이에 관계없이 노인이라고 생각하기로 했다. 인간은 어렸을 때에는 우선 받는 것부터 시작한다. 부모는 아기에게 젖을 물려주고, 포대기로 업어주고, 그리고 학교에 갈 무렵이면 책가방을 사주고, 도시락을 싸주는 등, 그처럼 받기만 한다. 그것이 15년 때에 따라서는 20년 이상이나 계속된다.

그러다가 그 아이는 어느새 독립하여 '주는' 쪽에 서게 된다. 처자를 부양하고 아이를 교육시키며 연로하신 부모를 모시며 돌보게 된다. 그리하여 수십 년이 지나면 그는 늙고 또다시 자식이나 손자나 사회로부터 도움을 받으면서 받는 자의 입장으로 돌아간다.

그러나 그가 정말로 제 몫을 하는 사람이었던 기간에는 나이에 상관없이 누군가에게 무엇인가를 베풀었을 것이다. 그러므로 진정한 성년이란 육체적 연령에 관계없이 베푸는 사람이며, 누군가가 베풀어주기만을 요구하는 사람은 아무리 젊은 사람이라 하여도 노인인 것이다. 이런 조짐은 자타 모두 분명히 알 수 있으므로 단순하면서도 좋은 기준이 되지 않을까 한다.

'감사한다'고 말할 수 있는 마음을

그렇다면, 젊었을 때부터 운 나쁘게 병이 생겨 도움을 받을 수밖에 없는 처지가 된 사람은 20세에 노인이라는 말을 들어야 하는가? 그렇지는 않다. 만일 그 사람이 최소한의 감사하는 마음을 갖고 자신의 주위에 있는 모든 사람에게 '감사합니다'라고 말할 수만 있다면 그것은 간호하는 사람들에게 기쁨을 주는 것이기 때문에 그는 훌륭한 성년이지 노인이 아닌 것이다.

이제는 젊다고 말할 수 없는 50세의 나이가 이처럼 흥미롭고 복잡한 영혼의 세계를 펼쳐주리라곤 생각지 못했다. 물론 50세에 걸맞은 불쾌한 일이 없는 것은 아니다. 나는 내 얼굴을 보는 것이 싫어졌고, 몸에 어느 정도 늘 신경을 쓰지 않으면 곧 노화할 것 같은 생각에 진저리가 난다. 그러나 놀라운 일은 청춘 자체를 진정으로 이해할 수 있게 된 것이 만년이 되어서부터라는 것을 이 나이가 되어서야 깨닫게 된 것이다. 지금에서야 청춘의 참 맛 일체를 조용히 선명하게 떠올릴 수 있다는 게 얼마나 멋있는 일인지.

개정판이란 본래는 삭제하는 부분도 있을 법하다. 그러나 이번에 나는 글을 덧붙였을 따름이다. 10년 전 나의 미흡함을 깨닫지 못한 것은 아니다. 나의 만년의 표현은 스스로의 미숙함을 감춘들 아무 소용이 없다는 형태로도 나타난다. 그리고 결론적으로 인생에 대해 정설이 없다는 생각은 10년 전과 전혀 변함이 없다.

1982년 5월 1일

'사람은 언제까지나 그 사람인 그대로'로 족하다.

1996년 9월 노인의 날 즈음에 (며칠 차이는 있으나) 나는 65세로 법률상의 노인이 된다. 자신이 벌써 그런 나이가 될 줄은 미처 생각지도 못했다고 말하는 사람도 있으나, 나는 전혀 그렇게 생각하지 않는다. 나의 겉모습은 젊었을 때와는 전혀 다른 모습이지만, 나의 의식이나 감각이나 성격은 정말이지 부끄러울 정도로 젊었을 때부터 줄곧 연결되어 있다는 것을 실감하기 때문이다. 한 사람이 하나의 인간으로서, 자신의 마음속에서 연속성을 의식할 수 있다는 것은 역시 하나의 행복일 것이다.

훨씬 이전부터 그런 느낌은 있었지만 실은 근래에 와서 어떤 사람이 좋은 사람이며 어떤 사람이 나쁜 사람인가 점점 더 알 수 없게 되었다. '사람은 언제까지나 그 사람인 그대로'이므로, 잘만하면 그 사람의 성격을 살려서 십분 활용할 수 있으나 그렇지 못하면 사회의 걸림돌이 될 수도 있다는 그런 구조를 이해했을 뿐이다. 그러나 어떻게 하면 잘되고 어떻게 하면 잘되지 않는가에 대해서는 그 절대적인 조건조차 아직 파악하지 못하고 있다. 그리고 또 나는 어떤 사람의 그 사람다움에 호감을 갖게 되면서부터 그 사람이 변하는 것조차도 바라지 않게 되었다. 내가 어떤 사람과 친구가 되었다는 것은 그 사람이 전부터 그런 사람이었고 그런 그 사람에게 호감이 갔기 때문이다.

서로의 이상과는 거리가 멀지도 모른다. 성질이 급하다든가, 느긋한 성격이라든가, 심한 말을 잘한다든가, 로맨틱한 사람이라든가, 어떤 일에나 쉽게 빠져버린다든가, 고지식하다든가, 청소하기를 싫어한다든가, 물건을 잘 버리는 습관이 있다든가, 노름을 좋아한다든가, 구두쇠라든가, 목욕을 싫어한다든가, 상식이 결여되어 있다든가 한다.

그러나 내가 이 나이가 되기까지 그런 사람에 호감을 갖게 된 것은 있는 그대로의 그 사람이 좋았기 때문이다. 그 사람의 성격이 바뀌거나, 달라진다면 이제 더 이상 그 사람이 아닌 것이다.

이렇게 생각할 수 있게 된 게 나이를 먹는다는 것의 의미일 것이다.

내 자신이든 다른 사람이든 그 사람의 개성과 연속성에 입각해서 사고할 수 있을 때, 아마 우리들은 다른 사람이나 자기 스스로를 대단한 사람으로 생각지 않을 것이며 그와 동시에 철저하게 거부하는 듯한 생각도 하지 않게 될 것이다.

인간은 최후까지 불완전한 게 자연스러운 것이다

어떠한 사람도 없어서는 곤란하다. "존재하는 모든 것은 좋은 것이다"라는 토마스 아퀴나스의 말에 감동을 받은 것이 중년을 넘어서였다면, "오오, 행복한 형벌이여"라는 그리스도교의 역설적 표현에 푸근한 마음이 느껴진 것도 역시 중년 이후였다.

의식적으로 사람을 죽인다든지, 방화한다든지, 생활을 해나갈 수 없을 만큼 결정적인 경제적 타격을 입히는 것은 좋은 일이 아니다. 그러나 그런 것 이외의 사소한 나쁜 짓이나 죄악에는 '그것을 통해서 인간을 알고 인간 운명의 한계를 인식하는' 힘이 된다. 그리고 또한 아무리 훌륭한 인간이 되려고 애써도 인간은 살아 있는 한, 많든 적든 이 지구를 오염시키며, 다른 생명을 위협하며 다른 사람이 가져 마땅한 것을 빼앗으며 살아가는 운명이라는 것도 알게 된다.

  나 자신이 태어나고 싶어서 태어난 것이 아니다. 그러므로 '다소 나쁜 짓을 하게 되는 것도 용서해 주십시오' 라고 여유 있는 마음가짐으로 사죄하고 싶다. 이러한 마음의 자세 이외에는 어쩔 도리가 없다는 것을 알게 되었다.

  이 말을 좀더 부연하자면 '앞으로 치매에 걸리게 되어도 내 자신이 그렇게 되고 싶어서 그러는 것이 아니니 아무쪼록 부디 용서해주십시오' 라는 말 이외에는 할 말이 없을 것이다.

  인간은 최후까지 불완전한 것이다. 그것으로 족하다. 자신이 완전하다고 생각하는 사람이란 두려워서 가까이 가고 싶은 느낌이 들지 않는다. 차라리 자신 없는 그대로 생애를 마치는 것이 정말로 자연스러운 일인 것이다. 나는 그러한 보통 사람들의 자유를 만끽하며 감사하는 마음으로 죽음을 맞이 하고 싶다.

  1996년 봄

서문 자기 구제의 시도 5

두 번째 서문 만년(晚年)의 길목에서 15

세 번째 서문 나는 감사하는 마음으로 죽음을 맞이하고 싶다 19

1. 엄중한 자기 구제

남이 '주는 것', '해주는 것'에 대한 기대를 버린다 33

남이 해주는 것을 당연하다고 생각하지 않는다 35

스스로 해결하지 못하는 일은 일단 포기할 것 36

노인이라는 것은 지위도, 자격도 아니다 38

가족끼리라면 무슨 말을 해도 좋다고 생각해서는 안 된다 39

자신의 고통이 이 세상에서 가장 크다고 생각하지 않는다 41

나의 생애는 극적이라고 생각하지 말 것 44

한가하게 남의 생활에 참견하지 말 것 48

다른 사람의 생활 방법을 왈가왈부하지 말고 그대로 인정할 것 50

푸념을 해서 좋은 점은 단 한 가지도 없다 51

명랑할 것 52

'삐딱한 생각'은 용렬한 행위, 의식적으로 고칠 것 53

무슨 일이든 스스로 하려고 노력할 것 54

젊었을 때보다 자신에게 더욱 엄격해질 것 56

젊음을 시기하지 않을 것, 젊은 사람을 대접할 것 59

젊은 세대의 미래에 대해서는 어느 정도 냉혹할 것 61

젊은 세대는 나보다 바쁘다는 것을 명심할 것 65

생활의 외로움은 아무도 해결해줄 수 없다 67

자식이 걱정을 끼친다면 오히려 감사할 일이다 71

거짓말을 하지 않을 것 73

공격적이지 말 것 77

태도가 나쁘다고 상대를 비난하는 것은 무의미하다 78

의사가 냉정하게 대해도 화내지 않는다 80

같은 연배끼리 사귀는 것이 노후를 충실하게 하는 원동력이다 82

정년을 일단락으로 하고, 그 후는 새로운 출발로 생각할 것 84

보편적으로 자신이 옳다고 생각하지 않을 것 85

최고 연장자가 되어도 자신이 지배적 위치를 차지하려고
애쓰지 않는다 86

즐거움을 얻고 싶다면 돈을 아끼지 말 것 87

2. 생의 한가운데에서

혼자서 즐기는 습관을 기를 것   91

손자들이 무시하는 경우가 있어도 심각하게 생각하지 말 것   93

손자를 돌보아줄 것, 그러나 공치사는 하지 않을 것   95

묘지 등에 대한 걱정은 하지 않을 것   96

자식에게 기대는 것은 이기적이고 바람직하지 못한 부모다   97

자신이 지켜야 할 범위를 분명히 해둘 것   100

교제 범위나 매너를 젊은 세대에게 강요하지 말 것   102

타인의 도움이 필요하면 직업적으로 해줄 사람을 선택할 것   104

'돈이면 다' 라는 생각은 천박한 생각   106

노인들은 어떠한 일에도 감사의 표현을   108

타인에게 어떤 일을 시킬 경우는 참견하지 않을 것   110

스스로 처리할 수 없는 인사치레는 포기한다   113

스스로 돌볼 수 없는 동물은 기르지 않는다   114

애완 동물의 이야기를 자주 하는 것은 노화의 징조   116

고정 관념을 버릴 것   117

새로운 기계 사용법을 적극적으로 익힐 것   118

자신을 위로해준 말을 타인의 비난용으로 쓰지 않을 것   119

칭찬하는말조차도 주의할 것 121

조직에서 상급자가 되려면 자제심을 갖춘다 123

평균 수명을 넘어서면 공직에 오르지 않는다 128

모두가 친절하게 대해주면 늙음을 자각할 것 130

세상이나 주위 사람에게 빤히 들여다보이는 구애는 하지 않는다 131

나이 들어 이혼하면 편안하기는 하나 몹시 외롭다 132

노인이라는 사실을 실패의 변명 거리로 삼지 않을 것 134

건망증이나 다리나 허리의 불편함을 일일이 변명하지 않을 것 135

가능하다면 젊었을 때부터 자신의 건강 관리에

도움이 될 만한 책을 읽는다 136

건강 기구 약 등을 타인에게 무턱대고 권하지 말 것 140

배설 문제에 너무 신경질적이 되지 말 것 141

갑작스러운 성격이나 감정의 변화는 몸에 이상이 생긴 것 143

러시아워의 혼잡한 시간대에는 이동하지 말 것 144

짐을 들고 다니지 말 것 145

식사 방법에 주의와 배려를 147

시력, 청력 등이 저하되면 일각이라도 빨리 손을 쓸 것 148

입 냄새, 몸 냄새에 신경을 쓸 것 150

자주 씻을 것 152

화장실 사용 시 문을 꼭 닫고 잠글 것 153

일생 동안 몸가짐과 차림새를 단정히 할 것 154

자신의 용모가 허술해지는 것을 걱정하는 만큼,

남들은 그다지 신경쓰지 않는다 157

신변 소품은 늘 새로운 것으로 교체할 것 158

자주 버릴 것 159

이 세상을 떠날 때까지 물건을 줄여나갈 것 161

무엇이든 탐내지 않는다 164

무언가 말을 남기고 떠나야지 하는 생각을 버린다 166

화초 가꾸는 일만 하면 빨리 늙는다 168

뭔가 이루지 못한 과거가 있더라도

유감이었다라는 말 등은 하지 않는 것이 좋다 172

친구가 먼저 죽더라도 태연할 것 174

자신이 체력, 기력이 있는 노인이더라도 뽐내지 않을 것 175

노인들끼리 함께 행동할 때는 매우 조심스럽게 177

지나간 이야기는 정도껏 한다 178

허둥대거나 서두르지 않고 뛰지 않는다 180

외출해서는 항상 긴장을 한다 182

잘 걸을 수 있도록 다리를 늘 튼튼히 할 것 185

매일 적당한 운동을 일과로 할 것 187

전화, 우편 업무 등은 스스로 해결하도록 할 것 188

젊은이들에게 방해가 되는 장소에는 189

비 바람을 두려워하지 않을 것 191

여행을 많이 할수록 좋다 여행지에서 죽는 한이 있더라도 192

이사나 대청소 때 노인은 자리를 피해주는 것이 좋다 193

관혼상제, 병문안 등의 외출은 일정 시기부터 결례할 것 194

저녁에는 일찌감치 불을 켤 것 195

일찍 자고 일찍 일어나는 것보다

늦게 자고 늦게 일어나는 습관을 가질 것 196

아침 일찍 눈이 떠지는 것을 한탄하지 않을 것 198

자신의 동네에 애정을 가질 것 199

3. 죽음을 편안하고 친숙하게

재미있는 인생을 보냈으므로 언제 죽어도 괜찮다고

생각할 정도로 늘 심리적 결재를 해둔다 205

늙음과 죽음을 일상 생활에서 가끔 생각할 것 208

장수를 견뎌낼 수 있을지 생각해본다 210

최후는 자연에 맡기는 것도 좋다 212

노인의 세 가지 적—유동식, 점적, 휠체어—을 거부하는 것에는

본인의 의지도 필요하다 214

유언장 등은 편안한 마음으로 미리 준비해둔다 216

병이 정말로 낫지 않는 경우는 오직 한 번 있을 뿐이다 217

어떠한 냉혹한 대우를 받게 되더라도
죽기 전에 보복한다는 생각은 하지 않는다 219

자살이란 더할 나위 없는 비례(非禮)이다 221

늙어가는 과정을 자연스레 받아들인다 224

혈육 이외에 끝까지 돌봐줄 사람은 아무도 없다 226

날마다 보살펴주는 타인에게 감사할 것 230

인간적인 죽음의 모습을 자연스레 보여줄 일이다 231

죽는 날까지 활동할 수 있는 것은 최고의 행복 233

돈이 다 떨어지면 최후에는 길에 쓰러져 죽을 각오로 235

돈도 의지할 사람도 없게 되면 주위 사람에게 신세질 일이다 237

행복한 일생도, 불행한 일생도 일장춘몽 239

죽음으로서 얻을 수 있는 가능성을 행복으로 생각할 일 242

종교에 대해 마음과 시간을 할애할 것 243

한평생 부단히 노력한다 245

노년의 가장 멋진 일은 사람들 간의 화해 247

덕망 있는 노인이 될 것 249

노년의 고통이란 인간의 최후 완성을 위한 선물 253

이 세상에 대한 미련을 남기지 않는다 255

최후까지 살아보지 않으면 알 수 없는 것이다 257

노년을 특수하거나 고립된 상황으로 생각하면 안 된다 261

장기 기증 등을 통해 자신의 사랑을 남기는 방법도 고려한다 266

자신의 죽음이 남아 있는 사람들에게 기쁨이 되도록 노력한다 267

후기 오욕(汚辱)투성이일지라도 꿋꿋이 살아가라 269

두 번째 후기 278

세 번째 후기 281

옮긴이의 글 286

1. 엄중한 자기 구제

남이 '주는 것', '해주는 것'에 대한 기대를 버린다

이러한 자세는 어렸을 때는 유아의 상징이고, 나이 들어서는 노년의 상징이기 때문이다.

아주 적은 돈이나 물건, 시중에 이르기까지 노인들은 받는 것에 대해 믿을 수 없을 만큼 민감하다. 이런 심리 상태가 모든 면에서 매우 심해지면, 그것은 노화가 상당히 진행된 증거로 보아도 좋다.

옛날부터 인간의 가장 기본적인 생활 태도란 자신이 필요한 물건을 스스로 손에 넣고, 그 다음엔 자기보다 약한 자들에게 나누어주는 것이었다. 어린아이에게 먹을 것을 주는 것은 종족 보존을 위해 필요한 행위이며, 자기 몫을 행할 수 있는 성숙한 인간은 자신을 위해 스스로 일함과 동시에 약한 자에게 자기 것을 나누어주었던 것이다.

'주겠지' 하고 기대하는 정신 상태는 제 구실을 할 수 있는 인간이라는 사실을 스스로가 포기하는 증거이다. 포기하는 것은 자유지만 떳떳한 인간이 되지 못한다는 것은 정신적으로 사회에 참여할 자격을 잃고 단지 위로만을 받기 때문에, 성숙한 인간으로서는 견디기 힘든 일종의 굴욕감을 감수해야 한다는 것도 마땅히 자각해야 한다.

"어느 정도는 다른 사람을 위해 살아가고 있다고 스스로 느끼는 것이상으로 행복감을 주는 것은 없을 것이다." 독일의 신학자 본 호퍼의 말이다. 늙는다는 것은 기능적으로, 혹은 스스로의 의지로 그런 행복을 포기하는 것임을 나타낸다.

몸이 말을 안 듣게 되면 다른 사람의 도움을 받을 수밖에 없다고 변명처럼 말하는 사람들이 많다. 어디서 들은 이야기인지 책에서 읽은 이야기인지 기억이 잘 나지 않지만, 몸이 불편한 한 노파가 매일 밤 도로로 난 창가에 등불을 놓고 꼼짝 않고 앉아 있었다는 이야기가 생각난다.

그것은 그곳을 지나는 여행자를 위한 것이었다. 먼 길을, 암흑 속을 걸어오는 사람을 맞이하는 불빛이었다. 자연의 위압 속에서 조그마한 빛이 보일 때 여행자들은 인간의 온화한 정에 포근함을 느낀다.

이것은 인간의 존재가 빛이 될 수도 있음을 보여주는 것이다. 그밖에 어떤 행위도 할 수 없는 노파이지만, 타인에게 단지 등불을 비춰준다는 것으로도 자신이 타인을 위한 삶을 살아가고 있다는 인간의 본질을 갖추게 되며, 더욱이 그것으로 인해 행복감까지 느낄 수 있는 것이다.

남이 해주는 것을 당연하다고 생각하지 않는다

노인이라고 해서 남의 도움을 받을 권리가 있다는 생각은 착각이다.

'행정상의 노인'으로서는 남의 도움을 받을 권리가 있을지도 모른다. 그러나 정신이 살아 있는 사람이라면 그렇지 않다. 오늘날은 젊은이들까지 사회나 국가에 무엇인가를 요구하며, 혜택 받는 것을 당연히 여기는 시대이다.

그러나 인간의 근본은 절대 그렇지 않다. 노인이든 젊은이든 원칙적으로 철두철미하게 자립해야 한다. 자신의 능력으로 살아가야 하는 것이다.

사회 속에서 규칙에 따라 살아가다보면 자신의 욕망이 희생당하는 부분이 있으므로, 일종의 보상 심리로 사회에 보장 같은 것을 요구하는 게 당연하다고 생각할지도 모른다. 하지만 도움을 받는 입장이 되면 그 결과가 의외로 당사자에게 행복감을 주지 못한다는 것도 명백히 인식할 필요가 있다.

자립의 긍지만한 즐거움도 없다. 사회에 요구하여 무엇인가를 받아도 별상관 없지만, 그 외의 부분에서 자기 스스로 해야 할 범위를 가능한 한 많이 남겨놓지 않으면 욕구는 점점 더 많아지고 그 결과 불만도 비례하여 커지게 된다.

스스로 해결하지 못하는 일은 일단 포기할 것

장년에게 이것은 자명한 이치다. 특별한 환경에 처한 사람이 아닌 한, 우리들은 원칙적으로 스스로 할 수 없는 일은 단념해야 한다고 생각한다.

그러나 노령화가 진행될수록 스스로 할 수 있는 일의 범위는 점차로 좁아지게 된다. 그리고 그것을 비교적 솔직히 받아들이는 사람과 그렇지 않은 사람으로 확연하게 갈라진다.

스스로 할 수 없다면 먹는 것도 단념하라는 극단적인 말을 하려는 것은 아니다. 어느 편인가 하면, 평탄한 삶을 살아온 사람들 중에는 고령이 되어서도 어떻게 해서든지 자신의 한창때 생활 방식을 그대로 고수하려고 안간힘을 쓰는 사람이 있다.

그러나 인간과 그를 둘러싼 사회와의 관계에서의 원칙은 그렇게 쉽사리 변하는 것이 아니다. 스스로 할 수 없는 일은 노인이더라도 무리인 것이다. 자신은 노인이니까 '어렵더라도 어떻게 좀 옆에서 해줄 수도 있을 텐데' 라고 생각하는 것에서부터 노화에 따른 어리광이 생겨난다고 할 수 있다.

'어렵더라도 어떻게 좀' 이라는 말은 어떻게 안 된다는 것을 뻔히 알면서도 안 됐을 때의 불편함을 견뎌내지 못하는 사람이 만들어낸 말이다.

이런 경우 처음부터 '그것은 무리다'라고 단념해버리는 사람과 '어떻게든 되겠지'라고 생각하는 사람을 비교할 때 단념하는 쪽이 편하다고 생각한다.

젊은이든, 고령자든 인간에게 평등하게 부여된 철칙이 있다. 그것을 노인을 향한 비난의 수단이라고 생각하는 것은 금물이다.

노인이라는 것은 지위도, 자격도 아니다.

노인이라는 것을 일종의 자격으로 생각하는 사람이 있다. 버스에서 노인에게 자리를 양보하지 않는 젊은이가 있었다. 그러자 노인은 자리를 양보할 것을 요구했다. 젊은이도 잠자코 있지 않았다. "나는 오늘 피곤했기 때문에 버스를 한 대 더 기다렸다가 앉을 수 있는 버스를 탔습니다. 당신도 앉고 싶다면 비어 있는 버스를 기다리시오"라고 대꾸했다.

당시의 상황이라면 이런 경우 대부분의 사람들은 노인을 두둔할 것이다. 그러나 노인이기에 자리를 양보받을 자격이 있다고 당당하게 말해도 좋은 것은 아니다.

오늘날 노인에게 무료 버스를 제공하거나, 장수 노인들의 의료비 지급 제도를 만드는 것은 가능하다. 그러나 인구 네 명 중 한 사람이 노인인 시대가 닥칠 때 노인이라는 사실이 지위나 자격으로 통할 수는 없다. 또한 제도가 어떻든 경제가 허락하는 한 버스비나 약값 등은 스스로 내야 한다고 나는 생각한다. 그러한 자립의 마음가짐은 정신의 젊음을 유지하는 데 있어서 대단히 중요한 요소이므로, 그것은 바로 자신을 위하는 일이 된다.

가족끼리라면 무슨 말을 해도 좋다고 생각해서는 안 된다

노인이 되면 모든 것이 용납된다고 생각하는 사람이 있다. 그것도 일종의 응석이다. 세상 사람들에 대해 해도 좋을 말과 해선 안 될 말조차 분간 못하게 된다. 가족에게라면, 노인이니까 어떻게 말을 하건 어떤 태도를 취하든 괜찮다라는 뻔뻔스러운 생각을 갖고 있는 노인도 있다.

가정은 마음을 편안히 할 수 있는 곳이지만, 상대방의 마음을 상하게 하는 말을 태연하게 해도 좋다는 이야기는 아닌 것이다.

"나 정도 나이쯤 되면, 어떤 말을 해도 남들이 웬만큼 이해한답니다."

이런 말을 하는 노인을 만난 적이 있다.

과연 그럴까? 언뜻 들으면 순진한 것처럼 들릴 수도 있으나, 사람들은 그저 질릴 뿐이다. 타인이 참고 있는 것을 그 노인은 양해를 받은 듯 착각한 것이다.

이것은 노인과의 관계에 한한 것만은 아니다. 가정에서는 마음을 편히 열어도 좋다고 해서 기분 나쁜 일을 마구 털어놓거나, 상대방의 급소를 찔러도 상관없다는 게 아니다.

오히려 가정 안에서의 표현은 부부 사이든 부모 자식 간이든 편안함과 배려, 그리고 위로가 필요하다. 나이가 들었다고 이것들 중 어느 한

가지를 간과해도 된다는 의미는 결코 아니다.

자식으로서는 일이 바쁘더라도 일주일에 한 번, 그것이 무리라면 한 달에 한 번, 그것도 어려우면 사계절에 한 번씩, 그것조차 어려우면 일년에 한 번 '의무적으로라도' 부모를 찾아 뵙는 것으로 정하면 좋다.

이때 부모쪽에서는 될 수 있는 대로 집을 깨끗이 잘 치워놓고, 옷도 깔끔한 것으로 입고 즐거운 화제를 생각해놓고, 어떤 일이 있어도 절대로 그 기회에 푸념을 늘어놓는다든지, 불평을 토로하는 기회로 삼아서는 안 된다. 자신의 체력과 수입의 범위 안에서 가능한 한 정성껏 음식을 장만하여 예의에 어긋나지 않게 자식을 맞이해야 한다.

부모와 자식 간에는 서로 조금씩 노력하는 부분이 있어야 자연스럽다고 생각된다. 그럴 경우 평범한 부모 자식 간이라면 자주 만나지 못하더라도 결코 냉랭한 관계가 되지 않는다. 서로에게 '시간 내느라 참 힘들었겠구나', '아버지(어머니)도 저렇게 밝은 얼굴로 사시는구나' 하며 감사와 존경의 마음을 갖게 되는 것이다.

그것이 성인이 된 자식과 부모의 관계라는 생각이 든다. 방심해서 부모를 그냥 무관심 속에 방치해서는 안 되며, 부모 역시 자식에게는 어떠한 태도를 보여도 좋다는 것은 결코 아니다.

자신의 고통이 이 세상에서 가장 크다고 생각하지 않는다

고통이란 것은 어느 누구의 것과도 비교할 수 있는 것이 아니므로 자신이 가장 불행하다고 말할 수는 없다. 누구든 마찬가지다.

이런 표현은 주로 여성 노인들이 많이 하기 때문에 노인 특유의 문제가 아닌, 여성 특유의 표현일지도 모른다. "나는 불행하게 살았는데, 당신은 전혀 고생이라는 걸 모르고 사셨군요"라는 기묘한 말을 초로의 여성으로부터 들은 적이 있다.

이런 말버릇은 나이가 들면서 점점 심해지는 것 같다. 노년에는 자기중심적이 되는 법이다. 노인은 솔직히 말해서 이미 바깥 세상에 대해서는 더 이상 왕성한 흥미를 갖고 있지 않다. 자신과 관계 없는 바깥일에 흥미를 갖는 능력은 남성적인 특징으로 여성에게는 다소 결여되기 쉬워, 여성은 나이가 들수록 점점 외부 세상과 멀어지게 된다.

바깥 세상 일과 멀어진 경우, 자신이 처한 처지를 인간의 공통 운명이나 전체적인 사회 상황에서 파악하는 일이란 도저히 불가능해지고 만다. 그러면서 '나의 불행이 가장 크다' 라고 생각하게 된다. 사실은 외부 세계로부터 단절되었기 때문에 '내가 가장 불행하다' 라고 잘라 말할 수 있는 것이다.

우리가 사는 사회를 잘 살펴보면 그 어떤 일에도 한도는 없다는 생각에 그저 놀라울 뿐이다. 남 보기에는 차마 눈 뜨고 볼 수 없는 정도의 딱한 생활을 하면서도 제법 즐겁게 지내는 사람에 놀라고, 저렇게 편안한 생활을 하고 있는데도 무엇이 불행할까 하고 놀라, 뭐가 뭔지 알 수 없게 되어 자신이 가장 불행하지도 행복하지도 않다는 것만을 확인한 것 같은 그런 기분이 된다.

외부 생활을 의식하지 못하게 되면 거꾸로 타인의 마음을 제삼자의 입장에서 객관적으로 헤아릴 수 있다고 확신하는 비례(非禮)를 범하게 된다.

언젠가 나는 두 여성의 대화를 우연히 들은 적이 있다.

"댁의 아기는 늘 새근새근 잠도 잘자니 참 편안히 키웠겠어요. 그에 비하면 우리 애는 알레르기만 일으키고 참으로 힘들었어요. 애 키우는 것만으로도 당신과 내 고생은 차이가 나네요."라고 조금 나이가 더 들은 노부인이 담담하게 말했다.

그러자 편안히 애를 키웠다는 말을 들은 그 사람이 말을 이었다.

"그렇지만 부인, 저는 댁네와 같이 경제적으로 여유가 없었기 때문에 아이 키우면서 집에다 일을 가져와 손가락에서 피가 날 정도로 힘들게 삯일을 했답니다. 댁에는 가정부가 세 명이나 있어서 얼마나 편안하고 좋았을까 하는 생각을 가끔씩 했답니다."

"아이구, 그 세 명 중 두 명은 시부모님을 위한 가정부예요."

"그렇지만…."

이 대화는 어떻게 보면 상대방을 치켜세우는 것 같지만 사실은 매우 무례한 대화이다. 두 명 다 상대방이 힘들었겠다고 위로하는 마음은 전혀 없다. 어떻게 해서든 자신의 고생을 증명해 보이기만 하면 된다는 생각인 것이다.

나의 생애는 극적이라고 생각하지 말 것

물론 개개인의 인생은 모두다 대단히 존귀하다. 그러나 개중에는 '나만큼 고생한 사람도 없으니까 내 일생이야말로 텔레비전 드라마로 쓰면 좋을 것입니다'라고 떠벌이고 다니는 사람이 있다.

거의 100명 중 97, 8명이 자신의 일생은 텔레비전 드라마와 같다고 생각한다. 자기만을 특별한 경우인 양 생각하는 것은 역시 너무 무른 생각일지도 모른다. 그러나 그 반면에 모든 사람들의 인생에 대해서도 깊은 경의를 표하지 않으면 안 된다. 아무리 평범한 삶처럼 보여도 인간의 일생은 (그것을 간파하는 안목이 있다면) 어느 누구의 것도 위대한 것임을 깨달을 수 있기 때문이다.

최근에는 자서전을 출판하는 사람도 많다. 하지만 책을 나누어주는 방법에 배려가 있으면 좋을 것 같다. 옛부터 쓴다는 것을 '두뇌 체조'라 했지만, 최근에는 워드 프로세서를 능숙하게 이용하는 사람도 많아졌고, 자신의 집에 제본 가능한 기계가 있어 기념할 요량으로 100만 엔 혹은 200백만 엔을 들여서 책을 만드는 사람이 늘고 있다. 노래나 무용 발표회보다 오래 남고, 자식들에게 가문의 역사를 전하는 일이라는 점에서도 유익하다는 발상일 것이다. 또한 오래 살게 되면 그만큼 써서 남길

것도 많아진다.

자서전뿐만이 아니다. 시집이나, 화집, 에세이집 등을 자비 출판하는 경우가 늘고 그것을 지인들에게 나누어줄 때 역시 약간의 배려가 필요하다.

어떠한 출판도 당사자에게는 기쁘고 매우 호사스러운 일이며, 가능한 한 많은 사람들이 읽어주기를 바란다. 받았을 때 면전에서 듣기에 좋지 않은 말을 하는 사람은 거의 없다. 또 실제로 어떤 책이라도 반드시 감동할 만한 부분은 있게 마련이다.

그러나 그 다음이 문제라고 지방에 사는 한 부인이 말했다. 책을 내면 모두가 출판 기념회를 한다. 도쿄에서는 보통 조촐하게 하지만 지방에서는 유명한 요정을 빌려서 하기도 한다. 초대이므로 가게 되면 실비 2, 3만 엔은 축의금으로 내놓아야 한다.

일년에 한 번 정도의 모임이라면 비용이 많이 들어도 하는 수 없다. 그러나 한 달에 두세 번씩 이런 행사가 있으면 도저히 다 참석할 수는 없는 일이다.

자신이 자비 출판한 책을 국회 도서관, 도립 도서관 등에 보내어 "증정해 주셔서 감사합니다. 오래도록 이곳의 장서로 보존하도록 하겠습니다" 따위의 감사장을 받게 되면, 자신이 대단히 좋은 일을 했으며 자신의 작품이 오래도록 국회 도서관에도 남아 있을 것으로 믿는 노인이 있다.

그러나 도서관들은 그 도서관에서 필요한 책 이외에는 쌓아두지 않는다. 그렇지 않으면 어떤 도서관이라도 서고는 금새 가득 찰 것이다. 한 권의 책을 꽂아두는 데 토지대, 서고대, 관리비 등만으로도 도서관 측이 상당한 액수의 돈을 감당하지 않으면 안 될 형편이다.

책을 증정하는 경우 감사장, 비평, 답장 등은 일체 기대하지 않음은 물론이고, 곧바로 헌 책방에 팔아버린다든가, 내버리든가 해도 불평을 하지 않을 각오로 증정해야 한다.

그것은 나와 같은 작가의 경우에도 마찬가지이다. 자신의 책을 보낼 때는 폐가 되지는 않는지 미리 확인하고 보낸다. 예술원의 회원이 되면 회원은 출판할 때마다 자신의 책을 한 권씩 기증하도록 되어 있다. 그러나 그렇다 하더라도 솔직히 기증하고 싶은 생각이 들지 않았다. 우에노(上野)의 학술원 건물에는 그다지 넓은 서고가 있을 것 같지 않아, 아무 생각 없이 보낸다면 보관 장소가 부족해지는 것은 뻔한 일이기 때문이었다. 일생에 그저 대표작 두세 권 정도 기증할까 생각하고 있으나, 아직 한 권도 보내지 않았다.

나의 경우는 또 다른 괴로움이 있다. 하루에 서너 권이나 책을 받는 날이 생기는 것이다. 하루에 서너 권이란 아무리 읽고 싶어도 물리적으로 다 읽을 수는 없는 것이다. 그것이 아니더라도 나 자신의 일을 위해 참고 자료를 읽을 시간도 많이 필요하다.

나의 시어머니도 그림과 시를 수록한 작은 책을 출판한 적이 있다. 그러나 시어머니는 그 책 관리를 대단히 신중하게 하셨다. 정말로 친한 사람 이외에는 보내지 않았던 것이다. 병환 중이기도 하여 출판 기념회 같은 것도 하지 않았다. 이것은 참고로 쓰는 것이지만, 나도 내 책이 처음 출판되었을 때나 그 후 여러 차례 출판되었을 때 한 번도 출판 기념회나 '격려회'를 한 적도, 남들이 해준 적도 없다. 그렇다고 해서 내게 좋은 친구가 없는 것도 아니며, 많은 사람들의 온정에 힘입어 여기까지 올 수 있었다.

노년이 되면 '지금까지 수고하셨습니다'라는 의미를 겸해서 상을 받는 일도 있다. 훈장, 포상을 받든가 몇 십 년 근속 표창을 받든가 천황 폐하나 총리를 대면하는 등의 기회를 갖는 사람도 늘어나고 있다. 그것은 호사스러운 일이므로 자축해서 나쁠 것은 없다.

그러나 자신만큼 세상 사람들이 그런 일에 감동하지 않는다는 것쯤은 나이를 먹을 만큼 먹었으니 깨달을 만하다. 자신이 축하받기 위해서 바쁜 사람들에게 시간을 허비하게 하고, 돈을 쓰게 하고, 마음 고생을 시켜서 괜찮은 것은 아니다. 우쭐해서 어쩔 줄 몰라 그저 좋아만 한다면 어떻게 그 나이를 먹었는지 의심스러워진다. 그런 배려가 가능한 것이 나이를 먹어가며 터득할 수 있는 하나의 능력이기 때문이다.

한가하게 남의 생활에 참견하지 말 것

남의 사생활에 참견하는 한가한 생활 태도를 고친다. 또 그 행동의 선악을 단정하거나 고쳐놓겠다고 해서도 안 된다.

이것은 일반적으로 예외도 많으나 노인은 대체로 한가하다. 한가하게 되면 인간은 오히려 여가를 잘 활용하지 못하게 된다. 여가란, 원래 자신을 풍요롭게 하기 위해 내면적으로 활용되어야 하는 것인데, 어떤 노인은 여가를 전적으로 외적인 것에 소모한다.

오늘날에도 세상에는 혼담으로 결혼하는 사람이 있고, 그런 사람을 위해서 노인이 혼담을 이어주는 것이 사람을 도와주는 일이라 생각할 수도 있으나, 오래 살았기 때문에 자신은 경험도 풍부하고 친지나 친척들, 이 사람 저 사람 사이의 갈등이나 대처 방법에 대해 자기야말로 가장 올바른 의견을 제시할 수 있다고 생각하는 것은 판단 착오이다.

바로 이런 노인들이야말로, 자신의 행동 방식은 전혀 바꾸려 하지 않고 단지 다른 사람의 방식만을 바꾸려고 하는 것이다.

'이것은 정당하므로, 상대방도 이것을 마땅히 이해해야 한다.'

이런 표현을 쓰는 노인이 결코 나쁜 사람은 아니다. 오히려 겉과 속이 다르지 않은 성실하고 진지한 사람이라 할 수도 있다. 그러나 이와 같은 발상은 사회에서 '사장님' 으로 떠받들어지던 사람이라든가, 집안에서 '사모님' 으로 불리며 세상의 거친 풍파를 비교적 덜 겪은 사람들에게서 나오는 것이 대부분이다.

'내가 올바르다고 생각하는 것은 다른 사람도 그렇게 생각해야만 한다.'

이와 같은 말을 듣게 되면 솔직히 말해서 어처구니가 없다. 그건 그럴 수도 있다. 그러나 그러한 말이 통용되는 사회라면 이 지구는 벌써 먼 옛날에 전혀 다른 모습을 보였을 것이다. 무엇이 옳고 그른지 인간에게는 분간할 수 없는 것도 많고, 설사 알고 있다 하더라도 옳은 것, 옳지 않은 것 둘 중 어느 것도 통용되지 않을 수도 또 통용될 수도 있는 것이 역사이며 현실인 것이다.

친절하니까 됐다는 법은 없다고 단언하고 싶다. 친절에서 나온 생각이 나쁜 결과를 낳는 경우도 많기 때문이다.

선의의 강요는 악의보다도 곤란한 결과를 낳는 경우가 있다. 유아성에서 그대로 노인성으로 밀려들어와 장년(壯年, 장년이란 자기 뜻대로 되지 않는 운명을 곰곰이 음미해보는 시대라는 정의도 성립됨)의 고뇌를 한 번도 경험해보지 못했던 '행복한 노인' 은 특히 주의하지 않으면 안 된다.

다른 사람의 생활 방법을 왈가왈부하지 말고
그대로 인정할 것

앞의 항목과 연관이 있지만 내가 50세가 되어 느낀 것은 이미 이 나이쯤 되면 사람들은 그들 나름의 긴 역사를 갖고 있다는 것이다. 그것을 바꾸어놓으려는 것은 교만이다. 나이 50이 되면 남은 인생은 아마도 길지 않을지도 모르니까, 그 사람이 원하는 대로의 생활과 삶을 인정하고 싶기 때문이다. 이 경우 그 사람의 생활 방법이 가족에게 폐가 될지 어떨지 하는 것이 하나의 기준이기는 하다. 아무리 노인이라 하더라도 가족이나 친구들이 이해하지 못할 정도로 자신의 돈을 쓸데없는 데에 써버려서는 안 된다. 노인 혼자 투자하거나, 연애나 결혼 등 새로운 인간 관계를 만들어서 남은 가족에게 짐을 남겨주어서는 안 된다고 말하는 사람이 있다.

그렇지만 자기가 번 돈이라면 어떻게 써도 상관없다고 선선히 받아들이는 사람도 있다. 아무리 어리석게 보이는 일이더라도, 터무니없는 꿈이라 하더라도 거기에 목숨을 걸어야 한다. 그것은 낭비도 아니고, 배려가 없는 것도 아닌 그것이야말로 인간이 살아가는 모습이라는 논리도 있다.

나는 어느 쪽이든 공감이 간다. 어느 쪽이든 장점과 단점, 추함과 아름다움이 있다. 단지 자신이 최상의 선택을 하고 있다고 생각하지는 말아야 할 일이다.

푸념을 해서 좋은 점은 단 한 가지도 없다

젊을 때에는 푸념도 애교가 된다. 푸념을 늘어놓지 않는 사람은 반대로 친구를 만들기 어려운 경우도 있다. 나는 만담을 좋아하지만 그중에서도 교토(京都) 지방의 푸념 만담이 요란스럽지 않아 좋다. 불평하는 게 능숙하다면(상당한 표현 기술과 자제력이 필요하지만) 그것은 추운 겨울날의 오뎅처럼 오히려 따스한 느낌을 준다.

그러나 노인의 푸념은 자신도 타인도 비참하게 할 뿐이다. 푸념은 산사태 같아서 한 번 시작하면 끝없이 계속되게 마련이다. 말하는 쪽이 편한지, 자신을 단단히 지키는 게 편한지는 알 수 없다. 자신이 옳다고 생각하는 쪽을 취하면 되겠지만, 이 점에 대해서는 스스로 몇 번이고 자문할 필요가 있는 것 같다.

불평만 늘어놓는 노인 곁에는 사람들이 모여들지 않는다. 이것은 당연한 일이다. 불평은 그늘진 느낌을 준다. 무엇이든 즐거워하는 노인에게 밝은 햇빛 내음이 나는 것과 정반대인 것이다.

명랑할 것

장년 시대에 인간은 얼마나 인내해왔던가. 그것은 남의 비위를 맞추기 위해서, 혹은 이득을 보기 위해서 참고 견뎌왔던 것만은 결코 아니다.

세상에는 실로 여러 부류의 사람들이 있으므로 그 사람들의 존재를 뜻 있게 하고 함께 일하며 살아가기 위해서 기꺼이 누구에게라도 양보하며 살아왔던 것이다. 그리고 그것은 비참한 일도 아니며 전혀 슬퍼할 일도 아니다. 그것으로 인하여 성격이 연마될지언정 삐뚤어지거나 하는 일은 없다.

그러나 나이가 들면서 그런 인내심이 점차 약해지는 것 같다. 몸이 쇠약해지고 능력이 줄어들고 친구가 이 세상을 하직하면 마음이 어두워지고 슬퍼지는 것은 당연하다. 당연하다고 해도 그 마음 그대로의 얼굴 모습을 하고 있어서 좋은 것은 없다.

외형만이라도 좋다. 마음속에서부터 명랑하라고 할 수는 없다. 인간은 그런 위선적 행동은 아무리 많이 해도 좋다.

명랑하게 행동하는 것은 세상 사람에 대한 예의이다. 겉과 속이 다른 것에 상처 받거나, 불쾌감을 느끼는 것은 센티멘탈리즘일 뿐이다.

'삐딱한 생각'은 용렬한 행위, 의식적으로 고칠 것

삐딱하게 생각하는 것을 일종의 똑똑함이라고 여겨, '나는 나의 분수를 잘 알고 있다' 라는 식의 표현으로 생각하는 노인이 있는데, 뻔한 상투적인 말 같아서 재미는커녕 오히려 기분이 상하는 적도 많다.

사람이 삐뚤어져도 좋을 시기란 평생에 한 번도 없다. 삐뚤어진 인간은 첫째 사귀기가 매우 성가시다. 차라리 어수룩한 사람을 사귀는 편이 훨씬 낫다. 자신감 있는 사람이 유머러스하게 드러내어 삐딱하게 말하는 것은 별개이지만, 삐딱하게 생각하는 것은 보통 남에 비해 곱절의 자부심이 역으로 나타난 것이므로, 삐딱하게 생각한다는 것 자체가 교만으로 흠뻑 찌든 냄새를 풍긴다. 특히 '나는 삐딱한 사람이니까' 하는 따위로 일부러 빗대어 말하는 것은 언어 도단이다.

'내 딴에는 이 정도도 삼가해서 그러는 건데 그걸 왜 몰라' 라고 협박하는 모습을 어느 가정에서 본 적이 있다. 정 삐딱하게 생각하고 싶다면 입 다물고 눈치 채지 않도록 하는 수밖에 없다. 말로 하는 것은 노인성 어리광과 삐뚤어진 마음이 결합된 대단히 추악한 모습이라 하지 않을 수 없다.

무슨 일이든 스스로 하려고 노력할 것

언젠가 텔레비전에서 히말라야인지 알프스인지를 등반하고 돌아온 일흔 몇 살 된 노신사를 본 적이 있다. 일흔이 넘은 노인이라 하기에는 믿기지 않을 정도의 늠름한 걸음걸이와 담담한 표정의 노인이었다.

다시 말하면 자신은 일흔이 넘은 나이에 등반하는 큰 일을 해냈다는 의식이 전혀 없었던 것 같다. 그 정도로 자신이 노인이라는 자각이 없었기 때문에 지극히 담담하게 귀국한 것임에 틀림이 없었다.

물론 많은 사람이 그처럼 부러운 건강과 신체 조건을 갖고 있다고는 할 수 없다. 그러나 훈련이라는 말을 듣는 것 자체로도 '그런 것은 불가능하다'고 거부감을 드러내는 사람이 의외로 많다. 노인뿐 아니라 중년층에도 많다.

등반한 노신사는 아마 훈련을 지속적으로 해왔을 것이다. 이런 말을 그다지 좋아하지 않는 성격일지도 모르지만, 늘 자신에게 어떤 가혹한 일을 그저 묵묵히 강요해온 분이라고 생각한다. 다시 말하면 자신에게 힘이 부치는 일을 일체 하지 않는 사람은 젊었다 할지라도 노인성 생활 성향을 나타내고 있는 것이다.

물론 분수에 맞는 행동을 하는 것이 필요하지만, 노인의 불행 가운데 적어도 10 분의 1 정도는 주위 사람들의 방치가 아니라 노인 당사자와 그 주위 사람들의 과보호에 있다는 점도 생각해야 한다.

그리고 가혹함을 견뎌내는 습관은 비교적 젊었을 때부터 길들이지 않으면 안 된다. 그러기 위해서는 다소 힘든 일을 매일 지속적으로 하는 습관을 길러야 한다.

"내겐 그런 일은 불가능해요"라고 말하는 노인이 많지만, 그런 경우는 좋은 상태가 되기를 스스로 포기한 것이라고 생각함이 마땅하다.

젊었을 때보다 자신에게 더욱 엄격해질 것

보기에 모순된 이 말은 다음과 같은 의미이다.

노년에게는 병 그 자체보다도 요양 생활이 두렵다. 불과 1~2주 간만 누워 있어도, 앓고 난 후에 다리가 눈에 띄게 움직여지지 않게 되는 경우가 많다. 젊었을 때는 2, 3주 간 누워 있어도 병이 나으면 그것으로 완전히 원래 상태로 회복이 된다. 그러나 노인은 다르다.

고열이 있을 때 몸을 움직이는 것은 삼가야 하겠지만, 조금이라도 증세가 좋아지면 어쨌든 하루 종일 누워 있는 것만은 무슨 수를 써서라도 피해야 한다고 생각한다. 화장실을 가거나 5~10분이라도 매일 걷게 되면 다리의 힘이 약해지는 것을 다소 예방할 수 있을지 모른다.

물론 이것은 의사 지시하에 해야하겠지만, 절대 안정을 필요로 하는 경우가 아닌 한 나는 이 바람을 의사에게 말해두고자 한다. 앞으로는 달라질지도 모르지만, 요즘의 의사들 중에는 병을 고치는 것만 생각하고, 앓고 난 후 노인의 운동 기능까지 생각하는 의사는 별로 많지 않은 것 같다.

병이 아니더라도 여름철 고교 야구, 프로 야구 등으로 하루 종일 텔레비전 스포츠를 시청하게 될 때가 있다. 이상하게도 스포츠를 보고 있으면 흡사 자신도 운동을 하고 있는 것처럼 건강하다는 생각에 사로잡히기도 한다.

그러나 내가 아는 사람 가운데 텔레비전 앞에만 앉아 있고 별로 나가 걸어 다니지 않다가 걷는 힘이 급격히 뚝 떨어진 노인이 있다. 텔레비전으로 보는 스포츠는 쇼이며 운동과 무관함은 물론이고, 오히려 끊임없이 몸을 움직이지 않으면 안 되는 노인에게는 특히 나쁘다는 것을 알고 있어야 한다.

오래 전 나는 수족관에서 물고기 연구를 한 적이 있다. 그중 나에게 충격을 준 것이 있는데 발이 긴 게였다. 이 게는 다리에 관절이 붙어 있는 부분에 둥근 반점이 생기면, 그것이 노화의 징조로 곧 그 부분의 관절에서 앞이 잘려나간다.

이런 상황이 계속 진행되어 동그란 주먹밥 같은 몸통만이 남아 살아가는 게가 있었다. 정상의 상태인 게들은 먹이를 양쪽의 집게 발로 잡아 입으로 가져간다. 입이 아래쪽에 붙어 있어서 그렇게 하지 않으면 먹을 수 없기 때문이다. 이 게는 다리뿐만 아니라 양손도 없었다.

사육사와 나는 오징어 한 조각을 바로 앞에 매달아주었지만 게는 먹지 않았다. 입 근처까지 먹이가 닿지 않기 때문이었다. 우리는 게를 물에서 건져 올려, 입이 있는 밑쪽을 위로 향하게 젖혀놓고 오징어 조각을 입에 넣어주려 했다. 그러나 입은 굳게 다물어져 있고 열리지 않았다.

그 사육사는 몇 년 전까지 어업을 하던 사람으로 많은 책을 읽어가며 생활하는 학구열에 충만한 사람이었다. 그 사람이 내게 말했다.

"나는 학문적으로는 잘 모르지만, 입의 근육과 손의 근육이 함께 움직이게 되어 있는 것 같은 생각이 자꾸 듭니다. 이 게는 손이 움직이지 않으니까 입의 근육도 움직이지 않는 게 아닐까 싶어요."

나는 그의 말이 가슴에 깊이 와닿았다. 먹이를 바로 눈 앞에 보면서도 이제 곧 굶어 죽는 것은 아닐까 하는 생각이 들었기 때문이다.

나도 이 사육사와 같은 생각을 갖고 있었다.

"저도 의학에는 문외한이지만, 아무래도 다리와 머리의 움직임은 연동 작용을 하는 것 같은 생각이 듭니다. 치매에 걸리지 않으려면 걷는 수밖에 없다는 생각이 드네요."

젊음을 시기하지 않을 것, 젊은 사람을 대접할 것

일본의 숲은 세계에서도 특이한 상록활엽수림(常綠闊葉樹林)을 형성하고 있다. 숲 내음이란 것은 분명 어딘가 독특한 것이 있는데, 그것은 썩어가는 낙엽의 체취이다.

나는 숲이 좋다. 숲에 혼자 서면 인간의 운명을 생각하게 된다. 소리 없이 조용히 살아가는 자연의 냉엄함을 생각한다.

새싹이 돋아나고 그것이 나무를 자라게 하는 힘이 된다. 그러나 잎은 머지않아 지고 만다. 나무를 인간 사회의 역사라고 한다면 하나 하나의 잎인 인간은 나무보다는 훨씬 빨리 떨어져 썩어버리고 만다. 그러나 낙엽은 썩어서도 토양이 되어 어린 잎을, 나아가서는 나무 자체를 자라나게 한다.

인간에게는 두 번의 시기가 있다. 양육되는 시대와 양육하는 시대.

우리들은 음식물과 지식을 부여받아 버젓한 한 인간으로 자라난다. 그리고는 서서히 타인을 양육하는 입장에 서게 된다. 이제 노인의 문턱에 들어선 사람으로서 나보다 훨씬 고령의 사람들을 예우하고 싶다. 그러나 나이가 들어감에 따라, 차차 젊은이들에게 그 자리를 양보하는 마음을 갖게 되기를 원한다.

나는 그런 행위의 아름다움을 실제로 몇몇 선배로부터 배웠다. 그분들은 지금 생각해도 식은땀이 날 정도로 유치한 나의 행동을 묵인하고 감싸주며 늘 지켜주었다. 그리고 넌지시 나를 늘 앞에 내세우려 하였다. 내가 단지 젊다는 이유만으로 사람들이 나를 주목하게 하였으며 조금이라도 더 나의 재능을(그러한 것이 있었는지 없었는지 모르지만) 발전시킬 소지를 만들어주려 하였다.

그런 일일수록 내색을 하지 않고 하였기 때문에 나는 어떻게 고마운 마음을 표해야 좋을지 몰라, 결국은 아무 말도 하지 못했다. 딱히 이유는 없지만 나도 그런 사람이 되고 싶다.

그러나 노인이 되어서도 매사에 자신이 전면에 나서려는 사람이 있다. 그것은 진취적이며 훌륭한 생활 방식일 수도 있다. 그러나 어른답지 못하다.

노인이 제일 먼저 잃는 것은 '어른다움'이다. 노인은 언뜻 보기에 누구나 쉽게 단념하는 듯이 보이지만, 결코 그렇지는 않다. '어른다움'이란 대국적 견지에서 스스로는 뒷전으로 물러서는 일이라고 나는 생각한다. 타인에게 이득이 되게 하기 위해 자신을 어느 정도 희생하며 티를 내지 않는 것이다. 나는 '어른다움'의 미학을 소중히 간직하고 싶다.

누구든지 한 번은 젊고 누구든지 한 번은 늙는다. 이만큼 공평한 흐름을 시기하는 것은 탐욕이다.

젊은 세대의 미래에 대해서는 어느 정도 냉혹할 것

노인들은 잘 단념하는 것 같으면서도 실은 그렇지 않다는 것은 앞에서 언급했다. 노인은 의외로 공연한 참견을 잘한다. 손주의 결혼까지 간섭하는 할아버지, 할머니는 예외로 치더라도 회사의 젊은이, 후배, 집안의 다 큰 청년 등의 처세술에 대해서도 의견을 피력하고자 하는 노인이 의외로 많다.

물론 풍부한 경험을 한 사람의 충고는 정수를 찌르는 경우가 많다. 그러나 노인의 의견이란 단지 한 가지 외부의 의견으로써 그치는 편이 무난하다고 나는 생각한다.

손자의 예의범절 문제로 아들 부부와 다투는 노부부가 있다. 손자에게 아들로부터 이루지 못한 꿈의 성취를 기대하는 마음은 이해가 된다. 그러나 나는 그와 같은 노부부의 꿈에 대해 근본적으로 동조하지도 동정하지도 않는다. 왜냐하면 인간의 생활 방식에는 어떻게 되어야 좋은지 본질적으로 알 수 없는 부분이 너무 많기도 하거니와, 특히 무엇을 기대해야 좋은지 아무도 모르기 때문이다. 그러므로 그 어려운 문제에 해답을 내리는 책임은 부모라는 입장에 처한 사람이 어쩔 수 없이 떠안아야 하는 것이지 할아버지, 할머니가 할 일이 아니다.

나는 노인이 되면 지금보다 훨씬 깊이 절망하고 싶다. 결코 생각대로 되지 않았던 일생에 절망하고, 인간이 만든 모든 부실한 제도에 절망하고, 인간 지혜의 한계에 절망하며 온갖 것들에 깊이 절망하고 싶은 것이다. 그렇게 됨으로서 비로소 죽음을 기꺼이 받아들일 수 있기 때문이다.

그러한 절망을 포기하지 못한 사람은 아직도 어설픈 기대로 이 세상에 연연하며 이런 저런 일에 간섭하는 것이다(그렇지만 이렇게 쓰다 보니 어설프더라도 희망을 갖고 사는 사람이 그래도 낫다는 생각도 든다). 지구상의 산소가 이 상태로 가면 몇 십 년 후에는 다 없어져버린다든가, 지구상의 인간이 식량 부족으로 아사할지도 모른다는 사실들에 대해 노인들만큼은 책임을 모면했다고 나는 생각한다.

자신의 사후에 무언가 도움이 될 수 있는 것을 남겨놓고 가는 것이 인간으로서 훌륭한 존재 가치인지는 모르겠지만, 그것이 불가능하다고 해서 무능을 비난받는 일도 없다. 솔직히 말해서 잠자코 있는 것이 뒷사람들의 번거로움을 줄여주는 경우도 상당히 많다. 그 결과 젊은이들이 어리석은 짓을 저질러도 그다지 상관없는 일이다.

'자업자득'을 체험하는 것도 젊은이들에게는 중요한 자산인 것이다. 후세를 위해 무엇인가 남긴 사람들은 모두가 강한 집념을 불태운다는 의식 없이 그렇게 된 것뿐이며, 노년이 되어서 갑작스레 젊은이들의 교육이 되먹지 않았다느니, 손주에게 처세술을 가르쳐야 된다는 등등을 외치는 것은 자신의 욕망을 채우기 위해서 혹은 자신의 존재 의의를 어떻게든 느끼게 해주기 위한 발버둥인 경우가 많기 때문에 나는 지구의 장래나 젊은이들의 미래에 대해서는 애써 냉담하려 하는 것이다.

또한 자신이 죽은 뒤에 재산을 그 사람에게만은 주고 싶지 않다는 등 그러한 일에 정열을 소모하는 사람이 있다. 자신을 괴롭힌 인간에게 자신의 소유물을 주고 싶지 않다고 하는 집념은 충분히 이해되지만 자신이 가장 미워한 자에게 은혜를 베풀고 마는 경우도 종종 있다.

나는 이런 역전이 또한 통쾌하다. 사후라면 어떻게 되든 상관없지 않은가. 한 인간의 속 좁은 마음이 끝내 용서하지 못한 것을 마치 우화처럼 혹은 깊은 신앙의 결과인 듯 시간이 해결해 보이는 것도 재미있는 일이라 생각한다.

게다가 이것은 일반적인 표현이지만 나의 반평생으로 미루어보건데 사회가 경고나 예정한 대로 된 것은 하나도 없었다. 늘 전세계의 석유는 30년 지나면 고갈되어버린다고 하였지만 그런 징조도 없으며, 히로시마(廣島)에는 원자 폭탄 때문에 75년 간은 풀 한 포기 나지 않을 것이라고 했지만 그것도 들어맞지 않았다.

소위 후진국은 농산물이나 원료를 공급하고 공업 제품 구매를 강요받아 점점 더 국가적 빈곤에 빠져든다는 것이 학설로서 일컬어져 왔으나, 1970년대에 세계의 식량을 지탱해주었던 것은 선진국이었다. 이방면의 전문가가 학문상 제반 지식을 총결집해도, 인간의 예측은 들어맞지 않는 것이다. 전문가가 아닌 우리들 자신의 사소한 인생 계획이 생각대로 되지 않음을 직시하여야 하는 것은 당연한 일이다.

일생은 잘못된 대로 괜찮다. 나도 잘못했고 상대도 잘못했다. 서로 이것으로 용서하고 용서받으면 어떨까?

젊은 세대는 나보다 바쁘다는 것을 명심할 것

이것은 능력의 문제가 아니다. 누구든지 체력이 있는 한 바쁘게 움직이게 되고 노령이 되면 더 이상 그렇게 하지 않아도 된다고 생각한다. 그러나 현역에서 일하는 세대는 잡무로 늘 바쁘다. 그런 것을 헤아리지 못하게 되었을 때, 우리들은 상당히 노화가 진전됐다고 생각해야 한다.

"좀더 자주 병문안을 와주어도 좋으련만" 하는 말을 노인 세대로부터 자주 듣지만, 별로 오고 싶어하지 않은 사람이 병문안을 와주어도 썩 즐겁지 않을 것 같다는 생각이 들기도 한다. 그보다는 같은 세대의 친구들을 가능한 한 소중히 여기는 게 낫다.

노인은 자신이 한가하니까 남들도 그러하겠거니 하는 생각으로 남에게 쉽게 일을 부탁하는 것 또한 신중히 경계해야 한다.

'대수롭지 않은 일이니까' 라고 노인은 생각한다.

"작은 가지 하나뿐이니 자르러 와주면 좋겠는데."

"그것이 어떤 책에 실려 있었는지 좀 찾아봐줄 수 없을까?"

말하는 그대로이다. 밤 늦게까지 일하는 젊은 세대는 그런 대수롭지 않은 일에 시간 내기가 어렵다.

'대수롭지 않은 일' 을 시간을 내어 조사하는 것은 오히려 노년의 일이다. 아무튼 시간은 얼마든지 있으니까. 그리고 그런 자질구레하고 번거로운 일을 하는 것이 자신을 단련하는 방법도 된다.

물론 그 누구도 남에게 무엇인가를 부탁하지 않고 살아간다는 것은 불가능하다. 그러므로 부탁할 때는 '대수롭지 않은 일'이라 생각하지 말고 부탁해야 한다. 그러한 자각이 들면 가끔은 남의 수고에 대해서 돈으로 보답하려는 생각을 할지도 모르며, 혹 금전으로 보답하지 못하더라도 마음으로부터 깊은 감사의 인사를 하게도 된다. "어지간해서는 하기 어려운 호의를 베풀어 주셨습니다"라고.

그때 비로소 연령상의 젊은이와 노인의 벽은 사라지고, 그 대신 감사와 세상 물정을 잘 아는 현명한 사람들이라는 관계가 성립하는 것이다.

생활의 외로움은 아무도 해결해줄 수 없다

외로움은 노인에게는 공통의 운명이자 최대의 고통일 것이다. 이상하게도, 늙어서도 여전히 자식이 독립하지 않았거나, 금전적으로 고통을 겪든가 하는 사람은 이 외로움이라는 고통에서 면제되는 것이다. 외로움이란 축복받은 노인에게 부과되는 특별세라고 일단 말해도 좋을지 모르겠다.

누군가 말상대를 해주거나, 어딘가 데리고 가주거나 하는 것으로 외로움을 달래려 하는 노인이 있다. 그러나 그것은 근본적으로 어떤 해결도 되지 않는다. 매일 함께 놀아주거나, 말동무를 해줄 사람을 늘 곁에 두는 것은 지금 이 시대에 특별한 능력을 가진 가정이 아닌 한 불가능하기 때문이다.

어떤 노인이든 목표를 설정해야만 한다. 살아가는 즐거움이란 스스로가 발견할 수밖에 없다.

내 경우 40세가 다 되어 배운 도자기 공예가 혹시 잘만 하면 노후의 즐거움을 지탱해주는 하나의 버팀목이 될 수 있을지도 모르겠다. 도자기 만드는 것 또한 소설을 쓰는 것과 마찬가지로 '이것으로 완벽하다'고 말할 수 없는 수많은 과정을 거쳐야 한다. 절대로 만족할 만한 것을 일평생 만들 수 없다는 것을 알면서도(그것은 내가 도자기 공예를 늦게 시작했기 때문이란 뜻만은 아니다. 거장도 거장 나름의 똑같은 운명을 갖고 있을 것이다.) 그 일에 도전하는 어리석음이란.

자식을 두 명이나 잃은 부인이 있었다. 천애고독(天涯孤獨) 바로 그것이었다. 그녀도 도자기 굽는 일에 아주 열심이었다.

"살아 있는 동안 어느 정도 훌륭한 작품을 구울 수 있을까 생각하면 너무 너무 바빠요."

이 말을 들은 한 부인이 말했다.

"저분은 자식을 잃고 나서 흥미의 대상을 도자기 굽는 일로 용케도 참 잘 바꿨네요."

이와 같은 반응을 보인 부인은 인간에 대해 별로 잘 이해하지 못하고 있다는 생각이 든다. 자식을 도자기로 바꿔치기한 것이 아니다. 내가 낳은 생명체를 흙 부스러기로 바꿔놓을 수 있겠는가. 단지 자식을 키우는 것 외의 다양한 것들에 대한 여러 가지 애정도 인간을 지켜준다는 것이다.

마작은 많은 시간이 소요된다는 점에서 공부하는 젊은 사람들이 빠져들기에는 어딘지 적합하지 않아 보인다. 그러나 웬만큼의 시간을 할애하여 즐기는 노인의 마작은 결코 해롭지 않다(저금한 돈을 무한정 탕진해버리는 경우는 제외하고). 오히려 마작 등을 하는 것은 머리의 훈련이 될 뿐 아니라, 젊은이들의 화제나 기분을 이해할 수 있게도 해준다.

젊었을 때 별로 놀지 않았던 사람들 중에는 노는 것을 죄악으로 알고 있는 사람도 있는데, 오히려 이런 유희(골프, 바둑, 장기, 파칭코, 트럼프, 화투, 댄스 등)는 의식적으로 배울 필요가 있고, 혼자서 공부하거나 독서하는 재미를 느끼지 못했던 사람은 노후의 소중한 시간을 보내는 방법으로 독서나 사색의 습관을 갖는 것도 좋을 것이다. 그 외에도 아마추어로서의 학문이나 지식, 그리고 기술 등은 어떤 것이든 모두가 노후를 즐겁고 따분하지 않게 보내는 데 도움이 된다. 고독을 피하는 방법도 스스로의 노력 없이는 해결되지 않는다.

우리 부부의 경우는 둘 다 취미가 달랐다. 나는 50대부터 식물 재배에 푹 빠져 있었다. 그러나 남편은 전혀 그러한 일에 흥미가 없었다. 남편은 완전한 도시파로, 현재는 "언젠가 손자를 위해서 세계사를 써봐야지"라는 말을 하고 있다.

그러나 노년이란 언젠가는 몸이 말을 안 듣게 된다. 눈이 안 보이게 되고, 귀가 안 들리게 되며, 몸의 한 부분을 쓸 수 없게도 된다. 머리의 회전도 나빠지게 된다. 그것이 자연의 섭리다.

눈이 좋은 사람도 30대 후반부터는 노안이 시작되기도 한다. 그러한 일들이 당연히 일어날 것을 감안해서 계획을 세우는 것이 좋다. 언제까지나 눈이 보인다고 생각하기 때문에 세계사를 쓰고 싶다고 말하는 것이며, 항상 몸이 건강할 거라고 생각하기 때문에 '노후에는 농사를 지어야지'라는 말을 하기도 하는 것이다.

할 수 있는 일을 어떻게 할 것인가를 생각해야 한다. 눈이 나빠졌을 때, 귀가 안 들리게 되었을 때, 걸을 수 없게 되었을 때를 예측하는 것이다. 그리고 결국 아무것도 할 수 없게 되더라도, 그것을 자연스럽게 받아들일 일이다. 그것은 악(惡)도 아니며, 죄(罪)도 아니다. 말하자면, 자신에게 책임이 없는 것이다. 자신의 책임으로 그렇게 되지 않은 것에 대해서는 마음을 편하게 먹는 습관을 초로(初老)의 나이에 익혀두면 편리할 것이다.

자식이 걱정을 끼친다면 오히려 감사할 일이다

내가 아는 사람 중에 사회적으로도 훌륭하게 사업에 성공한 재계인으로 지금도 대단히 효행이 극진한 사람이 있다. 자신의 처에게도 마치 시어머니를 위한 며느리라 생각될 정도로 어머니를 모시게 했다. 어머니를 위한 전용 승용차와 운전 기사를 두고, 전문 자격을 갖춘 간호사도 있었다. 게다가 그의 부인도 늘 시어머니와 함께 행동하는 것을 당연한 임무로 받아들이고 있었다.

나는 그러한 태도를 본받아야 한다고 몇 번이나 생각했는지 모른다. 운전 기사나 간호사를 고용하는 것에 대해서가 아니라, 자신이 노인의 곁에 있어주는 것에 대해서이다.

그러나 그 집의 노인을 보게 되면, 왠지 약하디 약해 보였다. 아름다운 노인이어서 멀리서 보면 해질녘의 희미한 빛 속에서 하얀 박꽃을 보는 듯했다. 그 노인은 그저 살아 있을 뿐 아직 그럴 나이도 아닌데, 살아가는 데 대한 강인함을 느끼게 하는 아무것도 없었다.

그러한 '행복한 노년'의 경우는 극히 드물기 때문에 '무자극이 초래하는 비건강' 등에 대해서 걱정할 필요는 없을지 모른다. 반대로 불행한 노인이라면 예를 드는 것은 어렵지 않다.

50이 넘은 아들이 병이나 사고로 누워만 있어 언제 끝날지도 모르는 간병에 온 힘을 쏟고 있는 노모. 나잇살이나 먹은 자식이 형무소에 드나들고 있어 그 일로 마음 편할 날이 없는 노모. 어느 쪽을 봐도 가슴 아플 정도로 늙은이의 어깨에 자식의 무게가 무겁게 짓누르고 있다. 그러나 그러한 고통이 때로는 노모의 마음을 지탱해준다.

자신이 부모에게 걱정을 끼치지 않는 최상의 자식이라고 우쭐해서는 안 된다. 또한 부모 쪽에서도 전혀 손이 가지 않는 독립심이 강한 자식을 마냥 좋아해서도 안 된다. 마치 교통 안전 표어처럼 보이지만 '그런 해이한 마음이 늙음을 재촉한다' 는 것은 맞는 말인 것 같다.

만일 걱정을 끼치는 자식을 두었다면 그 자식이 그나마 부모에게 효도할 요량으로 불효를 저지르고 있는 것이라 생각하고 싶다.

'죽을래야 죽을 수 없다' 는 생각을 하게끔 해주는 것은 걱정을 끼치지 않는 자식이 아니라 걱정을 끼치는 못난 자식이다.

거짓말을 하지 않을 것

노인의 한 가지 나쁜 버릇은 거짓말쟁이가 되는 것이다.

특히 일본인은 사양의 표현법이 있으므로, 거짓말도 결코 악의에서 나온 것은 아니다. 오히려 이랬으면 하는 바람과 체면치레가 가미된 소망을 혼동해서 표현하는 경우도 있다.

그러나 젊은 세대는 절대로 그렇게 생각하지 않는다. 노인이 마음에도 없는 말을 하며, 잔꾀를 부리고 교활한 말을 한다는 등 도덕적으로 나쁜 의미로 받아들이므로, 오히려 노골적으로 자기의 소망을 말하는 편이 제삼자가 봐도 밉지 않은 노인으로 보인다.

"할머니 과자 좀 드실래요?"

할머니는 사양하며 "됐어"라고 대답한다.

그러면 젊은 세대는 바쁘고 자신들은 늘 마음에 있는 그대로 대답하므로 노인의 말을 그대로 받아들인다. "필요 없다"고 말했기 때문에 노인에게 과자를 드리지 않는다. 그것이 노인에게는 마땅치 않다. 필요 없다고 말은 했지만 사실은 먹고 싶은 것이다.

오늘날도 이러한 심리 형태를 갖고 있는 노인은 대단히 많다. 과연 이러한 것이 장차 변할지 어떨지는 매우 흥미 있는 일이다. 먹고 싶으면

73

먹고 싶다고 말하면 될 일이다.

"나도 먹고 싶은데, 하나씩 돌아가니?"

"조금 모자라요."

"그럼 내가 먹으면 안 되겠네?"

"할 수 없지 뭐. 이건 장유유서이니까."

"나이를 먹으면 이럴 땐 득이 되네. 고맙다."

손자와의 대화가 이런 식이 되면 좋다고 생각한다.

"개수가 부족하지만 할 수 없네요"라고 말하는 것은 할머니가 육친의 한 사람으로 취급받는 것이니 매우 기뻐해야 할 일이다. 그랬을 때 할머니가 과자를 먹었다고 화를 내는 손자는 거의 없다. 충분치 않으면 과자 한 개를 반으로 나누어 먹으면 되고 혹은,

"늘 먹으니 오늘은 사양하겠다."

"웬일이세요. 할머니가 사양하신 적이 한 번도 없었는데."

"나도 사양하는 것쯤은 할 수 있다니까."

그래서 한바탕 웃을 수도 있지 않을까? 노인이지만 자신은 사양하고 손자에게 베푸는 즐거움이란 것도 있다.

소극적인 노인은 소극적인 장년보다 훨씬 남들로부터 외면당한다. 밝고 적극적인 노인은 주위의 눈총을 받거나 노골적으로 난처하다는 시선을 받는 경우도 있으나, 장년의 적극적인 사람보다 훨씬 밝고 아름다움을 느끼게 한다.

겉으로는 "우리집 노인네는 애들처럼 천진난만해서 탈이에요"라는 말은 해도 내심으로는 깊이 사랑하고 있는 것이다.

노인이 되면 젊었을 때보다도 더 자신의 이기주의를 분명히 인정하지 않으면 안 된다. 나는 언젠가 이런 광경을 목격한 적이 있다.

어떤 노인은 그의 외아들이 죽는 것을 병적으로 두려워하고 있었다. 비행기가 추락하면 큰 일이므로 외국의 출장조차 가지 말라고 말했다. 장년의 남자가 모친의 희망대로 일을 포기할 수는 없다. 당연히 그는 퉁명스럽게 "말도 안 되는 소립니다"라고 투덜거렸다.

"네가 죽으면 나는 살아갈 수 없으니까 말야."

이미 40이 넘은 아들이 웃으면서 말했다.

"그럴까요. 어머니, 그럼 제가 그렇게 되거든 돌아가세요. 어머니도 이젠 살 만큼 사셨으니…."

"죽는 것도 마음대로 되지 않으니, 생명 보험이라도 들어놓고 떠나라. 나를 수령인으로 해서."

"아, 그렇게 하지요. 좋습니다."

"보험료는 내가 낼 테니까."

이 대화가 친부모 자식 간이 아니었다면, 이 노인은 보험금을 노려 범죄를 저지르려고 하는 것처럼 생각될 수도 있다. 이 노모가 아들을 잃는 것에 대해 슬프게 생각하는 것은 당연하다. 그러나 자식이 젊어서 교통사고로 죽었을 때 보험금을 탄다고 해서 부모들의 마음이 편해질 수 있을까?

얼마를 타도 자식의 목숨과 바꿀 수 없다고 생각하는 것이 부모이다. 만일 돈을 받는다고 하면 그것은 다소 징벌의 의미를 포함하기 때문이라고 생각된다. 자식을 친 운전수에게 고통을 주면 그만인 것이다.

그러나 이 노인의 경우는 다르다. 노인이 가족의 죽음을 두려워하는 것은 외로워지고 슬퍼지는 것 이외에 보호자를 잃는다는 동물적이고 이기적 공포감이 따르는 경우가 많다.

나는 노인의 이기주의를 젊은이들이 비난하지 않았으면 한다. 이 기막힌 자기 보존의 정신은 신으로부터 부여받은 귀중한 능력인 것이다.

그러나 동시에 노인도 그런 이기주의를 인정하는 것이 옳다. 오로지 자식을 생각하는 마음에서라든지 자신은 절대로 돈에 욕심을 내고 있는 것이 아니라는 등 하면서 보험을 들겠다고 하는 행위의 논리는 앞뒤가 맞지 않기 때문이다.

공격적이지 말 것

나이가 들면서 맥이 빠지거나 유순해지는 사람이 많으나, 보기에도 민망할 정도로 인격이 황폐해지고 툭하면 금새 타인의 험담을 늘어놓거나 비난하는 노인도 의외로 많다.

타인이 자신의 생각대로 행동하지 않는 것은 당연한 일로, 타인의 마음을 고쳐주려는 생각은 (젊었을 때부터도) 갖지 말아야 한다고 앞에서도 언급했다. 지극히 사이가 좋은 친구나 사업상의 관계에 있어 가끔은 솔직한 의견이 서로 통하는 경우도 있으나, 그것은 오히려 예외적인 행운으로 생각하는 것이 좋을 정도이다.

싸움 그 자체를 즐기려는 인간의 마음도 분명히 있으므로 목적이 그런 데에 있다면 공격적인 것도 전혀 상관없으나, 노인이 될수록 언제부터인지 볼썽사납게 욕을 퍼붓는 기술을 터득하는 사람도 있다.

화를 내거나 욕을 하는 것은 자신이 인정받지 못하게 된 것에 대한 마구잡이 화풀이라고 스스로에게 경계하도록 하자. 관계없는 사람이나 대상에 대해서 화를 낼 필요도 욕을 할 필요도 없고, 아무리 해도 관심도 공감도 느낄 수 없다면 그저 조용히 물러서면 된다.

태도가 나쁘다고 상대를 비난하는 것은 무의미하다

　노인을 대하는 태도가 좋지 못한 사람이 세상에는 분명히 많다. 그것은 비단 노인에 대해서만은 아니다. 일반적으로 타인에 대한 배려가 없는 사람이 있으나 그것은 반드시 마음가짐이 나빠서만이 아니라 배려하는 능력이 결여되어 있는 것이다. 혹은 나처럼 제 딴에는 다소 주의가 미친다고 해도 번거로워서 실례를 범하는 경우도 있다.

　자신을 바보 취급하는 듯한 태도를 보면 화가 나는 것은 당연하지만, 노인 중에는 그것을 무조건 나무라면서 태도를 바꾸어놓으려드는 사람도 가끔 있다. 존경이란 결코 폭력적인 힘으로 쟁취하는 것이 아니다. 존경은 존경할 만한 행위가 가능한 사람에게만 부여된다.

　시력도, 청력도, 운동 능력도 모조리 잃은 사람이라 하더라도 타인으로 하여금 존경심을 느끼지 않을 수 없게 하는 위엄을 가지는 경우가 종종 있다. 그것은 그 사람이 일생 동안 무엇인가를 열심히 추구해온 결과일 수도 있고 별다른 재주가 없어도 겸허하게 타인에게 감사할 줄 아는 현명함에서 비롯되는 것이다.

　존경심이나 예의를 의무로서 지키게 하려는 것은 대단히 어려운 일이다. 인간이 상대를 굴복시키려 한다면 스스로 노력하여 그러한 인간 관계를 만드는 수밖에 없다.

그러나 무시당했다고 해서 한탄하는 것만큼 부질없는 일은 없다는 생각이 든다. 당연히 노년이 되어 머리가 둔해졌다면 바보 취급당할 이유가 있는 것이며(그런 경우에 경멸감을 노골적으로 드러내는 상대의 어리석음도 있겠으나) 바보스럽지도 않은데 바보 취급을 당했다면 자신은 그렇지 않으므로 그냥 내버려두면 될 일이다. 바보 취급을 당했다 해서 화를 내거나 상대에게 대들거나 하는 것은 어쩌면 반대로 노화가 왔다고 하는 명백한 증거가 되는 것인지도 모를 일이다.

의사가 냉정하게 대해도 화내지 않는다

세상에는 두 종류의 의사가 있다. 하나는 노인이기 때문에 추켜세우고 비위를 맞추는 타입이다. 물론 이런 의사는 건강 보험에 따른 진료 등은 하지 않는다. 그러나 돈을 받으니까 어떤 노인에게도 그만큼의 서비스를 해주어야 한다고 생각한다.

또 하나는 정직하게 또는 냉정하게 환자를 대하는 타입이다. 아주 정직하게 말하는 어떤 젊은 의사가 전에 나에게 이렇게 말한 적이 있다.

"솔직히 말해서 노인 환자는 진지하게 진찰하고픈 생각이 덜합니다." 젊고 팔팔한 환자는 최선을 다해 고치지 않으면 안 되겠다는 생각이 들지만, 할아버지, 할머니는 그렇지 않다는 것이다.

나는 화를 낼 수가 없었다. 그것이 내 경우라 해도 화내지 않는다. 그럴지도 모른다는 생각이 든다. 즉 자연이 그 의사에게 속삭이는 것이지, 그 의사가 나쁜 것이 아니다.

우선 만일 약이 한 사람 분밖에 없었다면 그것은 노인에게가 아니라 젊은 세대에 투여되어야 마땅하다. 그러나 풍요로운 일본에서는 많은 의사가 자연의 섭리를 초월하여 정성껏 노인의 치료에 임하는 것도 사실이다. 단지 쇼펜하우어가 말한 것처럼 "대자연에 있어서 개체 등은 어

찌 되든 상관없다. 대자연에 있어 중요한 것은 종족에 불과하다" 라는 사
실을 우리들은 잊어버려서는 안 된다.

같은 연배끼리 사귀는 것이 노후를 충실하게 하는 원동력이다

노인은 왠지 새로운 친구를 사귀고 싶어하지 않는다. 아니 노인만이 아니라 학교를 나와서도 친구가 없는 사람, 졸업 후에 전혀 새로운 친구를 만들지 못하는 사람 등 친구를 잘 사귀지 못하는 성격의 사람이 실로 많다.

친구가 생기지 않는 이유는 첫째로 타인을 향한 진정한 관심이 없거나, 둘째로 다소 허세 부리는 끼가 있어 자신을 속속들이 드러내 보이지 못하거나, 셋째로 관용심이 없는 것 등을 들 수가 있다.

노인에게는 이 세 가지 모두 서투른 일들인지도 모른다. 그러나 앞서 말했듯이 젊은이들은 바쁘다. 청년, 장년이 얼마나 바쁜 나날을 보내고 있는지를 헤아려 부당한 짐을 부과해서는 안 되는 것이 노년의 가장 중요한 일이다.

무턱대고 방문하거나, 불러내거나, 일을 부탁해서는 안 된다. 그러한 배려는 결코 밖으로 드러나는 일도 없고, 따라서 남에게 고맙다는 말을 듣는 일도 없겠지만은, 그러한 일이 바로 노인만이 해낼 수 있는 '사랑'의 행위인 것이다.

노인에 있어서 정말로 상대가 되어줄 수 있는 상대는 노인뿐이다. 노인끼리라면 어느 쪽이 어느 쪽을 상대해주는 일 없이 대등하게 사귈 수 있다. 자연스럽게 주어진 그러한 온화한 인간 관계를 최대한 잘 이용하려는 마음을 가질 수는 없는 것일까?

정년을 일단락으로 하고, 그 후는 새로운 출발로 생각할 것

정년이 점차적으로 늦춰지고는 있지만, 경기에 따라 변하기도 하며, 직종에 따라 비교적 빨리 그만두지 않으면 안 되는 직업도 있다. 그 즈음에서 우리들은 재출발을 한다. 자신이 20세 정도에 처음으로 일을 시작한 때의 일들을 상기해보면서 전혀 미지의 분야에 들어서는 경우도 있다.

이때까지의 자신의 경력을 대단한 것으로 생각해 결코 포기할 수 없다는 생각 때문에 새로운 출발을 비참하다거나 한심하다고 생각하게 된다.

20대에 처음 직업을 가졌을 때는 굉장히 열심이었다. 어찌 된 일인지 주위를 돌아볼 여유도 없이 일에 몰입했었다. 그러나 이번만은 어느 정도 냉정을 찾은 느낌이다. '신인이란 역시 이러한 때 긴장하게 되나보다. 이럴 때 인간은 뽐내고 싶어하나보다' 하는 식으로 여유 있게 관찰할 수 있게 된다. 이쪽은 이미 어른이므로 감정적으로 휘말릴 일도 없다. 두 번째로 하는 일의 재미는 이런 냉정함이 없으면 의미가 없다.

두 번 다시 되풀이할 수 없는 인생을 다시 음미해볼 수 있는 것이 정년후의 재출발인 것이다.

보편적으로 자신이 옳다고 생각하지 않을 것

노년이 되어 판단이 빗나가는 것은 생리적 변화이다. 도덕적 혹은 인간적 황폐를 말하는 것은 아니다.

그러나 스스로는 결코 그렇게 생각하지 않는다. 미친 사람에게 "당신은 미친 사람이오"라고 해도 모르는 것과 같다(최근에는 병을 자각하는 사람도 많이 있으나).

그러나 자신이 틀릴 수도 있으리라고 생각하는 사람은 우선 아직 상당히 유연한 사고를 갖고 있는 사람이다.

최고 연장자가 되어도 자신이 지배적 위치를 차지하려고 애쓰지 않는다

노년의 아름다움이란 양보할 수 있는 너그러움일 것이다. 기를 쓰고 넉살 좋게 나서는 연령이 아니다.

설사 주위 사람들이 늘 상석에 앉혀주고, 최고 연장자라며 추켜세우더라도, 결정은 장년기의 사람에게 맡기는 것이 당연하다. 왜냐하면 노년은 앞으로 무한정 살 수 있는 것이 아니기 때문이다. 그러므로 젊은 세대가 항상 결정권을 갖는 것이 마땅하다고 생각한다.

즐거움을 얻고 싶다면 돈을 아끼지 말 것

무슨 당연한 소리를 하냐고 생각하는 사람도 있겠지만 노인은 이상한 말을 한다.

"이렇게 매일 집에만 있는 것도 정말 따분해서 죽겠어."

"그럼 친구분 집에 놀러 가시지 그러세요?"

"빈손으로는 곤란하지. 차비도 들고 과자 한 봉지라도 돈이 드니까, 그리고 밖에 나서면 피곤도 하고…."

"그럼 친구분을 놀러 오시라 그러세요. 그분은 여전히 건강이 좋으시니까 꼭 와주실 거예요."

"그 사람 오기만 하면 갈 줄을 모르니까, 가라고 할 수도 없고 피곤해."

"좀 피곤하면 어때요? 할머니는 내일 꼭 뭘 해야 하는 것도 아니고, 피곤하면 그만큼 다음날 푹 주무시면 되잖아요."

"그렇지만, 그것도 힘이 드는 일이라니까."

돈도 쓰고 싶지 않고 피곤한 것도 싫고 혼자 조용히 있는 것은 따분하다고 한다. 전부가 불만인 것이다.

이런 형태의 불만은 노년의 독특한 것이지만, 나는 노년인 나 자신에

대해 그것은 방자한 짓이라 말해두고 싶다. 옛날 젊었을 때는 돈이 줄어
드는 게 누구에게나 싫은 일이지만, 그래도 우리들은 자신의 즐거움을
위해서 없는 돈을 다 털어 연극도 보고 영화도 보러 갔다. 소풍을 갔다
오면 다음날 녹초가 된 일도 있었으나 그래도 외출하곤 했다. 반대로 남
들이 나를 까맣게 잊어버릴 것 같지만, 집에 조용히 틀어박혀 빈둥빈둥
종일 빗소리를 들으며 불을 쬐면서 텔레비전을 보는 고적함이 행복이라
생각한 날도 있었다.

무엇인가를 얻을 때는 반드시 무엇인가를 잃게 된다.

노인이 되면 놀러 다니는 것이 피곤하기도 할 것이다. 남의 집에 놀러
갔을 때 신이 나서 떠들고는, 다음날 기운이 빠져 하루 종일 누워만 있
다고 비난하는 것은 좀 지나치다. 젊었을 때 두 가지가 가능했던 사람도
한 가지밖에 하지 못하게 되는 것이 노년이다.

그러나 노인의 입장에서도 이 세상에서 인간이 해낼 수 있는 것을 넘
어선 그 이상을 요구해서는 안 된다.

2. 생의 한가운데에서

혼자서 즐기는 습관을 기를 것

남자 형제가 없었던 나는 결혼해서 아들을 두고 처음으로 남자들의 놀이와 여자들의 놀이가 다르다는 것을 알았다.

여자들은 영화 한 편을 보러 가거나 차를 마시러 갈 때도 친구를 부르고 싶어한다. 혼자서는 연극을 보거나 식사를 해도 별재미가 없다고 한다. 그렇지만 남자들은 혼자서도 자신을 위해 영화를 보러 가거나 술을 마시러 간다.

우리 집의 경우 같은 영화를 보는데도 일부러 아버지와 다른 날을 정해 따로따로 가는 아들을 보고 재미있어 했다. 십대 후반이 되면 아버지와 함께 걸어가는 모습을 친구가 보지 않았으면 할 것이고, 영화를 보는 것이 목적이라면 곁에 사람이 없는 편이 더 집중이 잘될 것이다.

여성이 혼자 즐기는 것에 서투른 것은 사회적 배경에 기인한다고 봐야 할 것이다. 가정 생활에 직접적으로 필요가 없는 일에 가족을 남겨놓고 혼자 나다니는 것은 오히려 사회적 시선도 곱지 않았을 것이며, 여성이 이런 저런 일로부터 몸을 지키기 위해서는 늘 누군가와 함께 있는 것이 안전했다.

정말로 그 대상에 흥미가 있다면 혼자서 몰두하게 마련이다. 연애나

섹스를 친구와 함께 하는 사람은 없을 것이다. 도자기 흙을 매만질 때 나는 친구와 함께 있어도 혼자 있다는 생각을 한다.

혼자서 즐기는 습관을 들여야 한다. 나이가 들어가면 친구들도 한 사람 한 사람 줄어든다. 살아 있어도 어딘지 몸이 나빠지든가 해서 함께 놀 수 있는 친구는 줄어들고 만다. 아무도 없어도 어느 날 낯선 동네를 혼자서 산책할 수 있는 고독에 강한 인간이 되고 싶다.

손자들이 무시하는 경우가 있어도 심각하게 생각하지 말 것

노인은 몸이 쇠약해지고 머리가 노화됨과 더불어 새로운 지식에 따라갈 수 없게 됨으로써 종종 손자에게 무시당한다고 생각한다. 그러나 그것은 전혀 그렇지 않다.

극히 드문 경우를 제외하고는 노인들은 대개 10대 후반 정도의 아이들을 지식적으로나, 운동적으로 따라갈 수가 없다. 수학이나 사회과 지식에 있어서도 아이들과 대등하게 실력을 겨룰 수 있는 부모는 극히 적고, 늘 아이들로부터 '그것도 몰라?'라는 소리를 듣기 십상이다.

그러나 그렇다고 해서 부모가 아이들의 존경을 한순간에 잃게 될 것인가? 아니, 부모의 경우 아직 사회적으로 활동해 돈을 벌고 있기 때문에 아이들이 존경하는 것이라는 말도 성립된다. 그렇다면 돈을 벌지 않는 노인은 전부 경멸당하고 있는 것일까?

그런 것은 아니다. 어떤 사람이 오랜 기간 자신의 공부와 일을 꾸준히 해왔는데 지금은 아무 일도 안 하며 우두커니 있는 경우라도, 조바심하고 발버둥치지 않는 자연스러움이 있다면 젊은 세대도 무언중에 어떤 위엄을 느끼게 될 것이다.

내가 아는 사람들 중에 80세를 넘어 좀 추레해진 노학자가 있다. 그가 동맥경화 발작 후 오랜 혼수 상태에서 깨어났을 때, 제일 처음 한 말은 "오랫동안 많은 사람들에게 폐만 끼쳤어. 고맙네"라는 감사의 표현이었다. 그 후 그는 이렇다 할 만한 학자로서의 생활에 복귀한 것도 아니다. 귀도 안 들리게 되고 하루 종일 거의 말도 하지 않았다. 단지 70대 후반인 처와 둘이서, 자식들과는 따로 살며 지금도 40, 50이 된 아이(?)들이 오면 과자 한 개라도 "가져가지 않겠니?"라고 말하는 것이다.

그의 손자 중 하나가 "대단하네. 우리 할아버지 저렇게 아무것도 할 수 없지만, 그냥 앉아만 있어도 좋으니 말이야. 우리 할아버지처럼 단정하고 훌륭한 노인은 정말 찾아보기 힘들어요!"라고 말했다는 얘기를 듣고 나는 눈물을 흘릴 뻔했다.

그것은 그 노인이 아직도 자립의 정신이 있어 남에게 받는 것이 아니라 주기를 원하는 가장의 마음을 갖고 있기 때문이다.

손자가 노인을 무시하는 것은 일종의 애정 표현인 경우가 많다. 그것을 있는 그대로 받아들인다면 노인은 무시당하는 것 같아도 실은 동시에 깊은 사랑과 존경을 받고 있는 것이다.

손자를 돌보아줄 것, 그러나 공치사는 하지 않을 것

손자를 돌보는 일이 마음 내키지 않으면 거절해도 좋다. 그러나 개중에는 아이를 돌보는 일을 좋아하는 노인들도 많다.

손자를 돌보지 않는 노인을 비난해서는 안 된다. 아이 보는 것은 중노동이다. 독립심이 있는 젊은 부부라면 아이 보는 일을 포함한 일체의 경제적, 노동적 해결을 자신이 재주껏 찾지 않으면 안 된다.

노인도 아이를 보살피는 일이 조금이라도 즐겁다면 그 즐거움을 받아들이고, "그렇게도 잘 보살펴줬는데 그 일에 대해서는 조금도 고마워하지 않으니"라는 불평을 해서는 안 된다.

손자를 돌보아주는 일은 감사의 말을 듣기 위해서 하는 게 아니다. 그 정도라면 아들 부부로부터 아이 봐준 대가를 받으면 된다. 돈을 받으면 고마움의 보답을 강요할 이유가 없다.

묘지 등에 대한 걱정은 하지 않을 것

어느 젊은 며느리가 말했다.

"우리집 생활 형편은 아주 빠듯해서 여유가 없는데, 시어머니가 우리집에 와서 짜증나는 말을 한답니다. '나의 묘는 어떡할 참이냐?' 고 하시지 뭐예요. 보너스 탈 때마다 얼마씩 시어머니께 드리는 것도 굉장히 힘드는 일인데 게다가 또 묘지 마련까지. 그건 도저히 불가능해요."

사후의 일을 걱정하는 것은 살아 있는 사람에게 부담이 된다. 죽음의 유일한 장점이란 그땐 이미 아무것도 느낄 수 없다는 것이다. 나의 뼈가 어디에서 어떻게 되건 이미 아무런 아픔도 느끼지 못한다.

지금 묘를 만들어 받아본들 언젠가는 연고자 없는 외로운 혼령이 된다. 도쿠가와 이에야스와 나폴레옹의 묘지는 아직도 수세기 동안 남아 있지만, 그것은 이미 명소로 남아 있는 것뿐이며, 그곳을 찾는 사람은 참배객이 아닌 구경꾼들인 것이다.

자식에게 기대는 것은 이기적이고, 바람직하지 못한 부모다

부모의 사랑은 귀한 것이라지만, 반드시 다 그런 것만은 아니다. 부모 중에도 이기적이라고밖에는 말할 수 없는 부모가 있고, 또한 깊이 생각하지 않고 애정이란 명목으로 자식에게 매달려 자식의 일생을 망쳐놓는 무서운 암세포 같은 부모도 있다.

사랑에는 보답받는 것을 전제로 하는 에로스적 사랑과 주기만 하고 전혀 보답을 기대하지 않는 아가페적 사랑이 있다고 하지만, 부모이면서 에로스적 사랑밖에 갖고 있지 않은 사람도 상당히 많다.

어떤 엄마는 자식에게 늘 이렇게 말한다.

"애야, 엄마는 이렇게 힘들게 일하며 너를 키우고 있으니, 네가 크면 엄마를 잘 보살펴다오."

이런 엄마는 일종의 장사꾼과 같다. 이 엄마가 어떤 사정이 있어 여자 혼자 힘으로 아이를 키우지 않으면 안 되게 되었다는 것은 딱하지만, 이 경우 부모 자식 간이라도 여기에 존재하는 것은 상업상 금전의 채권자 대 채무자와 유사한 관계가 존재할 뿐이다. 육체적으로 낳은 부모라고 해서 자식을 대하는 모든 행위가 인간적이라고 평가될 수 없고, 또 무조건 존경받는 일도 없다.

인간은 자식에 대해서조차 보답을 기대하지 않는 호의를 가질 수는 없는 것인가? 그것은 양육자이지 부모는 아니다. 단지 이렇게 말할 수는 있다. 세상은 믿기 어려울 정도로 이기적인 사람들로 가득 차 있는 것도 사실이지만, 이기적이지 못하게 할 필요도 없고 어느 누구도 그런 이기심을 말릴 수 없다.

그러나 자식으로부터 해준 것을 돌려 받으려는 부모가 있다면, 부모 스스로가 생각해보아야 할 일이다. '잘 되어야 고작 빌려준 것밖에 돌아오지 않는다' 는 것을. 그것은 상거래의 지극히 일반적인 유형일 뿐이다.

또한 자식 입장에서 보더라도, 상식이 있어야 한다. 나 자신은 상식이라는 것을 사실은 별로 믿지 않지만, 세상에 널리 통용되는 이야기라면 상식을 먼저 앞세워야 하지 않을까 하는 생각이 든다.

다시 말해서, 경찰에 체포될 만한 나쁜 짓도 하지 않고 그럭저럭 살아가며 자신의 생활 전체를 자식에게 의탁하려는 부모가 아닌 이상은, 세상의 잣대로 판단해보더라도 '괜찮은 부모' 를 갖고 있는 것에 대해 감사해야 할지도 모르겠다. 그리고 그러한 부모에 대해서 자식은 나름대로 감사의 표현을 해야 당연하다는 생각이 든다.

그러나 그런 감사의 마음을 표현하지 못하는 미숙한 자식도 세상에는 많이 있으므로, 부모는 자식으로부터 그런 감사의 말을 듣지 못했더라도, 미련없이 단념해야 한다. 자식을 잘못 가르친 것도 자신의 책임이다.

그렇다고 해서 자신의 생애 자체가 실패였다는 것은 아니다. 그것 또한 평범한 인생 모습의 한 가지로 생각되기 때문이다.

자신이 지켜야 할 범위를 늘 분명히 해둘 것

노인에게도 버젓이 권리가 있으나 그것은 장년의 권리와 똑같이 생각해야 마땅하다고 생각한다.

나는 노인이 자신이 소유한 재산을 전부 다 써버리고 죽으면 그만이라고 생각한다. '자신이 번 것을 쓰는데 뭣이 나쁜가' 하는 말과는 뉘앙스가 다르다. 젊은 세대가 '어느 정도는 남겨주고 떠나가도 좋으련만' 하고 생각하는 것은 판단 착오이다.

나는 개인주의도 잘 이용하면 노인과 젊은 세대 쌍방의 독립심을 키울 수 있고, '육친이면서' 라기보다는 '육친인 까닭에' 추한 금전적 싸움을 하지 않아도 될 듯하기 때문이다.

그러나 노인도 자식들의 세계에 너무 깊이 끼여들어서는 안 된다. 한창 일할 나이에 있는 아들의 일이 너무 많다든지, 그렇게까지 오래 회사를 위해서 일하지 않아도 괜찮다는 등의 참견은 엄격히 금해야 마땅하다.

40, 50이 된 아들의 친구가 집에 놀러왔을 때 일일이 인사하기 위해 나오거나 함께 이야기하는 것도 옛날부터 상당히 친근한 사이가 아닌 한 해서는 안 된다고 생각한다. 교우란 서로 상대의 교우 관계를 해치지

않고, 서로의 교우 관계를 잘 다독거려 키워주지 않으면 안 된다. 노인은 소개받았을 때만 조용히 웃으며 인사하면 그만이다.

자식이 30세가 넘으면(20세를 넘어도 마찬가지이지만) 더 이상 그 생활 전반에 주의를 주거나 비판할 필요가 없다는 생각도 든다. 잘못되면 당사자가 그 책임을 지고, 비싼 수업료를 냈다고 생각하고 괴로워하면 그만이다. 그래야만 그는 현명해진다.

부모가 할 수 있는 일은 기도하는 것밖에 없다고 생각한다. 그리고 가령 자식이 범죄자가 되어 세상에서 완전히 버림받았을 때는 일체의 비판을 삼가고 조용히 도와주면 그만이다. 부모만이 이 세상에서 그런 상황일 때 비판을 버리고 구제하는 것이 허락되는 유일한 존재인 까닭이다.

그러나 그런 상황이 되기 전까지 부모는 자식에게 간섭해서는 안 된다. 자식의 사업상의 편의, 권세, 친구 등을 이용하려 한다든지 결혼이나 취직 등 자식의 운명을 결정할 수 있는 결단에 간섭해서는 안 된다.

그것은 서로가 최후까지 독립된 인격을 잃어버리지 않기 위함이다.

교제 범위나 매너를 젊은 세대에게 강요하지 말 것

시집쪽 사람들에게 비교적 순수한 애정을 갖고 있는 노부인이 있었다. 그 부인은 자신이 새댁이었던 때부터 계속해온 교제의 관례를 지키고 자기의 아들 부부에게도 그것을 답습시키려 했다.

그러나 아들의 세대는 친척들에게 이미 모친과 같은 친근함을 갖고 있지 않았다. 노부인 쪽에서 본다면 시누이지만, 노부인의 아들과 시누이들의 아이들은 사촌일 따름이다. 사촌지간에는 마음에 맞는 사람과 맞지 않는 사람이 있게 마련이다. 마음이 맞지 않는 사촌과도 친한 척하라고 한다면 아들 부부에게는 귀찮을 따름이다.

노인과 젊은이는 본디 생각하는 세계가 다르다. 결코 서로의 교우 관계를 강제로 강요하거나 금지하거나 해서는 안 된다. 서로가 그들 나름의 지인, 친구에게 예의를 표하고, 주제넘게 나서서 지장을 주지 않도록 삼가며, 부모를 위해서 혹은 자식을 위해서 환영하고 있다는 것을 얼굴이나 태도에 나타내며 대접해야 할 일이다.

특히 노인에게 찾아오는 손님에 대해서는 가족 중에서도 우선권을 부여해주었으면 싶다. 노인에게 친구는 대단히 소중하며 행동이 부자연스러워지면 서로 방문하고 방문받는 것에 대해 젊은 세대의 이해가 필요하기 때문이다. 각자 사회 생활의 분야를 예의 바르게 지켜야만 노인도 자립된 생활을 하고 있다고 말할 수 있다.

타인의 도움이 필요하면 직업적으로 해줄 사람을 선택할 것

나이가 들면 자연히 남의 손을 빌릴 일이 많아진다. 단지 그런 경우 다소라도 자신에게 경제력이 있다면 가능한 한 타인의 호의를 기대하지 말고 일로 생각해 직업적으로 받아들여 해줄 수 있는 사람을 구해야 한다.

"잠깐, 이것 좀 해줘요"라는 투의 말을 잘하는 사람이 젊은 남녀 중에도 있으나, 노인의 경우 어떻게 해서라도 일에 돈을 안 들이려는 의도를 갖고 있는 경우가 많다. 가정부를 부를 수 있는 돈이 있어도 친척 중의 젊은이를 불러 일을 시키거나, 택시를 탈 경제력이 있어도 어떻게 해서라도 차를 갖고 있는 사람에게 한푼도 안 들이고 자가용 차를 이용하려 한다.

그 정도뿐이라면 그것을 능란한 처세술의 한 가지 요령이라고 말할 수 있을지도 모르지만 노인의 경우는 재고하지 않으면 안 된다.

왜냐하면 세상에는 의외로 득이 되는 일이 아니면 하지 않는 사람이 많기 때문에 노인을 돌보아주어도 아무런 대가가 없다면 아무도 달갑게 여기지 않는다. 이렇게까지 쓰면 참으로 쌀쌀맞은 생각이라는 소리를 들을 것 같기도 하다.

그러나 분명 세상에는 결코 그런 사람만 있는 것은 아니다. 고령자를 잘 돌보아주는 것 자체가 즐거움이라는 체험을 한 사람도 결코 적지 않을 것이다. 그러나 내가 노인이 됐을 경우 그러한 구분을 분명히 하고 싶다.

타인의 호의에 의지하면서 어물어물하다가는 자신의 자립심을 망가 트리게 된다. 그런 마음을 갖는 것은 그렇지 않아도 독립해서 살아가기 힘든 나이인 노인의 약점에 더욱 박차를 가하게 될 수도 있다.

언젠가 다리가 부자유스러운 부인과 외국에서 동행한 일이 있다. 그리 자주 갈 수 있는 그런 곳은 아니었다. 그러나 그 부인은 토산품을 일체 사지 않았다. 그녀의 손에는 늘 손수건과 지갑을 넣은 조그마한 헝겊 주머니만이 있을 뿐이었다.

"물건을 사시지 않는군요." 내가 말했다.

"내가 물건을 들고 있게 되면, 반드시 옆에 계시는 분이 "제가 들어 드릴까요?"라고 말씀하시게 되니까요."

"그렇지만 조금이라면 괜찮지 않습니까?" 내가 말했다.

"그렇지만 건강한 사람도 나이가 들면 물건을 들지 못하게 되잖아요. 나는 특별히 내 다리가 불편하다 해서 물건을 살 수 없다고 생각지는 않습니다. 그것이 노년의 일반적 모습이므로 그다지 속상하지도 않고요."

그녀는 그렇게 말하고는 웃으며 다시 말했다.

"그 대신 나는 아름다운 경치를 잔뜩 보고 돌아갑니다. 누구보다도 많은 추억 거리를 안고 돌아가는 것인지도 모르잖아요."

'돈이면 다' 라는 생각은 천박한 생각

앞에서 말한 것과 모순되는 것 같지만, 전부터 내가 알고 있는 분인데 젊었을 때 시집 쪽의 사람들 탓에 몹시 경제적인 타격을 받은 노부인이 있다. 남편의 형제들을 학교에 보내주어야 했고 시어머니의 입원비를 전부 감당해야 했다. 남편 사촌의 처 등은 시골에서 겨우 과자 한 봉지 정도 사 들고 상경하여 일주일씩 머무르곤 했다.

그녀가 인간의 마음을 적어도 돈으로 표현할 줄 알아야 한다고 생각 하게 된 것도 무리가 아닌 것 같다. 그러나 동시에 그녀는 인간의 마음 이 단지 돈만으로 움직이는 것이 아니라는 것을 망각해버렸던 것이다. 그녀는 정말로 매사를 그냥 넘기는 성격이 아니어서 받은 물건은 반드 시 답례를 생각하고, 자신을 위한 지출은 아들들에게도 반드시 돌려주 며 주변 사람들에게 많은 배려를 했다.

그리고는 다음과 같이 말했다.

"내가 돈이 없게 되면 모두들 더 이상 내게 아무것도 해주지 않을 겁 니다."

나는 그렇지는 않을 거라고 했다. 누군가에게 친절을 베푸는 것은 즐 거운 일이므로 순수하게 그 즐거움을 위해서만이라도 그녀에게 호의를 베푸는 사람은 반드시 있을 것이라고 했다.

그러나 그때마다 그녀는 고개를 내저었다.

"그런 건 믿을 게 못 되요. 세상은 냉정한 것이니까요."

마침내 그녀는 일체의 친절은 돈을 노리고 하는 것이라 생각하게 되었다.

"모두들 나의 돈을 노리고 있답니다."

그녀는 스스로 뿌린 씨로 차츰 세상의 모습을 황량하고 냉정한 것으로만 보게 되었다.

노인들은 어떠한 일에도 감사의 표현을

노인에게만 한정된 것은 아니다. 젊은 세대도 '감사합니다'라 말하는 사람이 줄어들었다. 모든 것을 자기 혼자 힘으로 해나가고 있다고 과신하는 데서 감사의 표현은 상실되어 간다.

만일 노인이 훈훈한 노후를 위해 반드시 지켜야 할 것을 한 가지만 고르라 한다면 나는 주저 없이 '감사합니다'라고 말하는 것을 선택할 것이다. 감사의 표현을 할 수 있는 한, 눈도 보이지 않고, 귀도 들리지 않고, 몸도 움직일 수 없고, 대소변을 못 가리는 사람이라 할지라도 그 사람은 엄연한 인간이며 아름답고 참다운 노년과 죽음을 체험하는 것이 가능하다.

일반적으로 말해 노인은 감사의 표현을 잘 하지 않는다. 하지 않는다기보다 감사의 마음을 잃게 되는 것이 노화의 한 가지 증상으로 나타나는 것 같다.

불만에 차 비위를 긁는 말로밖에는 생각할 수 없는 입에 발린 말로 인사를 하며 '나도 감사의 인사 정도는 하고 있지 않은가'라고 하는 노인도 있다.

인간이 진정으로 감사하는 마음을 갖고 있는지 어떤지는 안색 하나로도 알 수 있다. 천만 번의 '감사합니다' 도 밑바닥에 정반대의 감정을 품고 있다면 한 마디 말로 알아차릴 수 있다.

괴로운 때에 감사함을 표현하는 것은 쉬운 일이 아니다. 그러나 감사의 표현, 바로 그것이 최후에 남겨진 단 한 가지 고귀한 인간의 임무인 것이다. 그리고 감사할 만한 것이 하나도 없는 인생은 없다.

누구의 힘으로 여기까지 살아올 수 있었는가를 생각한다면 누군가에게 무엇인가를 감사할 수 있을 거라고 생각한다.

타인에게 어떤 일을 시킬 경우는 참견하지 않을 것

나이가 들면 모든 방법이 자신이 생각한 것과 같지 않으면 마음에 들지 않게 된다.

내가 아는 사람의 시어머니는 음식의 맛에 대해 대단히 까다로울 뿐만 아니라 설탕과 소금 그릇을 왼쪽과 오른쪽 어디에 놓을 것인가에 대해서도 자신의 방식대로 할 것을 며느리에게 요구했다. 예를 들면 소금을 왼쪽에 놓지 않으면 요리가 결코 맛있게 되지 않는다는 믿음을 갖고 있었다.

물론 많은 노인들이 젊은이보다는 효과적인 방법 논리를 몇 가지씩 갖고 있는 것은 확실하다. 특히 가사일에 있어서는 생활의 지혜와 같은 것을 전해 들으면 편리한 점이 많다.

그러나 인간은 본질적으로 좀처럼 변하지 않는 창조물이다. 나는 이 점에 있어서 만큼은 교육조차도 상당히 절망적일 거라는 생각을 갖고 있다.

인간의 본질은 결코 충고 정도로 변하지 않는다. 이 점에 대해서는 옛날부터 지금까지 많은 사람들이 여러 다양한 의견들을 갖고 있겠지만 나의 책상 위에 마침 항만 노동자 철학가로 불려지는 에릭 호퍼의 『선창 일기』가 있으므로 그 내용 중 인간이 얼마나 변하지 않는 존재인가를 쓴 부분을 발췌해본다.

"모든 근본적 변화에는 모세의 유형과 유사한 것이 있다. 모세는 노예가 된 헤브라이 민족을 자유인으로 만들어주고 싶었다. 그의 임무는 노예들을 모아놓고 '자유다' 라고 알리는 것뿐이었다고 생각할 수 있을지도 모른다. 그러나 모세는 잘 알고 있었다. 노예에서 자유인이 되는 것은 자유인에서 노예로 되는 것보다 더 어렵고 괴롭다는 것을.

노예의 신분에서 자유인으로 변하는 데는 그 외의 많은 근본적인 변화가 필요하다. 우선 한 나라에서 다른 나라로의 비약, 이주, 즉 탈(脫)이집트이다. 더욱 중요한 것은 노예에서 해방된 사람들에게 새로운 자기 의식과 다시 태어났다는 의식을 불어넣어주는 것이었다.(중략)

모세는 어떠한 이주도, 드라마도, 스펙터클도 또 어떠한 신화도, 기적도 노예를 자유인으로 바꿀 수 없다는 것을 깨달았다. 그것은 불가능한 일이다. 거기서 그는 노예들을 사막으로 다시 데려가 노예 세대가 다 죽어 없어지고 새로운 세대—사막에서 태어나 자란—가 약속의 땅에 들어올 준비가 되기까지 40년 간을 기다려야 했다.

모든 혁명 지도자들은 열렬하게 변화를 부르짖지만 사람들이 변할 수 없다는 것을 알고 있다. 모세와 달리 그들에게는 적당한 사막이 없을 뿐더러 40년을 기다릴 만큼의 인내심도 없었다. 그래서 기성 세대를 내

쫓기 위한 숙청과 테러.

재미있는 것은 객관적인 과학의 세계에 있어서도 인간의 두뇌는 습관에 얽매여 있는 일상 생활의 세계로부터 크게 벗어나지 못한다. "새로운 과학적 진리는 그 반대자의 설득에 의해서가 아니고, 그 반대자가 마침내 다 죽어 없어지고 새로운 과학적 진리에 익숙한 새로운 세대가 성장함으로써 승리를 얻는 것이다"라고.

막스 프랑크는 말한다. "여기에도 사막의 40년이 필요하게 되는 것이다."(다나카 준(田中淳) 역)

이런 것을 나타내는 지극히 단적인 표현이 있다.

"OO는 죽기 전에는 못 고친다."

인간은 본질적으로 모두 여간해서는 변화하지 않는다. 호퍼처럼 생각하면 우리들은 죽음으로써 비로소 자손에게 사막을 벗어나는 운명을 선사하는 일이 가능해진다고 할 수 있다.

어떠한 인간이라도 이 정도의 선물을 남기는 것이 가능하리란 희망을 갖고 있는 것이다. 그러나 나 자신이 변화하지 않듯이 타인의 일하는 방법을 바꾸어놓으려 하는 것은 무리이다. 우리들이 조직의 일원으로서 (가족도 거기에 포함된다) 타인에게 요구할 수 있는 것은 냉정히 말해서 기껏해야 그 결과뿐이며 방법은 아니다.

스스로 처리할 수 없는 인사치레는 포기한다
타인에게 시키지 않는다

젊었을 때부터 매사에 세심한 신경을 쓰던 사람으로 나이가 들어서도 여전히 명절 때나 연말연시 선물, 병문안, 관혼상제의 축의금, 부의금 등을 완전하게 전하지 않고는 마음이 편치 않은 사람이 있다. 사회적으로도 소위 '노마님'의 그와 같은 마음씀이 잘 전달될 수 있도록 일손이 준비되어 있는 집이라면 별문제 없으나, 그렇지 않다면 타인을 시켜서까지 그것을 계속하는 것은 좋지 않다.

자신의 건강, 체력, 재력이 그런 일들을 할 수 없게 되면 그러한 교제에서 지극히 자연스럽게 물러서는 것이 바람직하다. 물론 선물을 사러 갈 수 없게 되면 전화로 주문하든가 이리저리 궁리를 짜내는 것은 노화 예방에도 좋은 일이다.

그러나 타인을 시켜서 자신의 생활 규모를 유지하려고 하는 것은 같이 사는 가족에게 폐가 될 뿐이다.

스스로 돌볼 수 없는 동물은 기르지 않는다

생물을 기르는 것은 쉬운 일이 아니다. 그것은 생명에 대해서도 책임감을 갖는 일이다. '말라 죽여도 좋은 화초', '죽게 버려두어도 괜찮은 새' 등과 같은 개념은 책임감 있는 행위에는 걸맞지 않는다.

늙어서 혼자 생활하게 되면 애정을 쏟고 싶은 대상이 그리워지는 것은 당연하다. 화단을 만들거나 개를 키우거나 하는 노인은 몸과 마음 모두 젊은 경우가 많다.

그러나 자신의 체력이 그것을 지속할 수 없게 되면 포기할 수밖에 없다. 젊은 세대 쪽에서 보면 노인을 보살피는 것조차도 힘든 일인데 개나 화초까지는 도저히 어렵다고 생각하게 마련이다.

비교적 젊은 노년의 시기에 애완 동물을 기르게 되면, 그것 때문에 여행을 갈 수 없는 불편함도 생각해야 할 것이다. 송사리나 금붕어조차도 일 주일, 이 주일의 단기간이라 하더라도 완전히 밀폐된 방에 놓고 떠날 수는 없다. 애완 동물 때문에 여행이 불가능한 것은 커다란 마이너스라고 생각한다. 내가 아는 사람 중에도 정년으로 퇴직해서 모처럼 자유롭게 되었으나, 애완 동물 때문에 부부가 함께 여행도 못하고 교대로 다니는 사람이 있다.

그러나 이것도 선택과 기호의 문제이다. 여행의 불편함은 어쩌다 있는 일이지만 애완 동물과 지내는 즐거움은 날마다 있는 것이므로 매일 매일의 삶의 보람을 택하고 여행은 희생하자는 사고 방식도 있을 수 있다. 잘 생각해서 어느 쪽이든 선택할 수밖에 없다.

애완 동물의 이야기를 자주 하는 것은 노화의 징조

나는 참석하지 않았던 모임이었는데, 모두가 오랫동안 끊임없이 개와 고양이의 이야기를 하고 있었다는 것에 놀랐다는 사람을 만났다. 물론 집에서 기르는 개나 고양이의 이야기를 조금도 해서는 안 된다는 것은 아니다.

그러나 애완 동물에 대해서는—자신의 이야기에 대한 것과 마찬가지로—상대방이 말하는 당사자와 같은 정도의 감정을 가질 수는 결코 없다. 자신이 기르고 있기 때문에 귀여운 것이다. 그러므로 그런 이야기를 오래도록 하는 것은 분명히 자기 멋대로라는 증거이다.

그러나 노후에 원예나 애완 동물 혹은 경마나 파칭코 따위를 낙으로 삼는 사람들은 얼마든지 있다. 그러므로 자신의 생각을 있는 그대로 나타내기 위해서 그러한 이야기를 하는 게 나쁜 것은 아니나, 애완 동물이 자신의 세계에서 많은 부분을 차지하기에 이르렀다는 것은 다소 주의해야 할 상태인 것이다.

고정 관념을 버릴 것

눈이나 귀가 부자유스럽게 되기 때문이겠지만 노인이 되면 타인의 모든 속성을 고정시키고 싶어한다. 자신이 아는 사람이 10년 전에 주오센(中央線) 철도 연변에 살았다고 하면, 그가 소부센(總武線) 연변으로 이사한 것을 좀처럼 납득하지 못한다.

세상은 온통 정의투성이가 된다. 그러나 세상은 날마다 그 정의를 스스로 타파한다. 초등학생은 결코 자살하지 않는다고 생각하고 있었는데 어느날 갑자기 자살해버리든가, 소바(메밀국수) 가게는 소바를 먹는 가게로만 생각하고 있었는데 어느날 고양이를 팔게 될지도 모르는 일이다. 소바 가게에서 고양이를 파는 것이 너무도 이상하다는 것은 누구나 다 마찬가지겠지만 그런 엉뚱한 일이 세상의 새로운 변화인 것이다.

노인이 과거의 경험만을 믿고 직감력으로 쇠퇴한 기능을 보충하려는 것은 어쩔 수 없는 일이지만, 될 수 있는 한 유연한 관찰과 논리 구성을 반복하는 습관을 기르는 것이 필요하다. 젊은이는 주간지 등과 같은 것을 별로 읽을 필요도 없지만 오히려 노인에게는 필요할지도 모른다.

새로운 기계 사용법을 적극적으로 익힐 것

이것 역시 노화의 정도를 심리적으로 명확히 측정하게 해준다. 새로운 기계를 접하게 되면 어떻게 사용해야 좋을지 알 수가 없다. 몇 번씩 설명을 들어도, 설명서를 읽어도 도저히 이해할 수 없다고 생각한다. 아무리 수준 높은 교육을 받았어도 지능이 제 아무리 높아도 사용법을 모른다고 스스로 단정짓는다. 그리고 그런 새 기계를 사용해야 한다면 약간의 불편을 감수하더라도 지금 상태 그대로가 좋다며 거절한다.

이런 징후는 젊은 사람에게도 있으나, 심리적 노화와 상당히 비례하는 것 같다. 사용에 실패하는 것은 그 사람의 성격과 능력의 문제이다. 그러나 처음부터 사용하지 않겠다고 거부하는 것은 노화인 것이다.

자신을 위로해준 말을 타인의 비난용으로 쓰지 않을 것

겉과 속이 다른 무책임한 말을 한다고 비난하지 않는다.

종종 "그 사람은 정말로 내가 하는 말이 옳다고, 주위 사람들이 좀더 생각을 고쳐야 한다고 했어"라는 식으로 자신이 들은 위로의 말을 있는 그대로 곧이곧대로 받아들여 타인을 비난하는 도구로 사용하거나 자신의 정당성을 입증하려고 하는 노인이 있다. 그리고 노인에게 듣기 좋은 발언을 한 바로 그 사람이 대개의 경우 반대의 입장에 있는 사람에게는 전혀 딴소리를 한다는 것을 알고는 화를 내는 것이다.

나는 지금까지도 이런 노인 취향적인 말을 잘하지 못해서 오히려 일을 그르쳐왔다. 성실만을 추구하는 융통성 없는 한 인간이 반드시 세상 사람들에게 행복을 가져다줄 수 없다는 좋은 본보기이다.

내가 아는 사람 중 계모에게서 자란 남자가 있었다. 계모는 학교 선생님으로 지적인 사람이었다. 그는 밖에서는 "우리 집의 잘난 선생님은…"등 계모를 여러 가지 별명으로 부르며 험담 같은 말을 하나, 집에서는 다른 여자 형제들과는 달리 계모와 가장 사이가 좋았다. 어머니 날에는 빨간 카네이션을 달아드리고 계모를 모시고 외식하러 나가곤 했다.

계모도 점차로 이 의붓아들을 인정하게 되고 "나를 좋지 않은 별명으로도 부른답니다" 하며 어렴풋이 눈치채면서도 좋아했다. 이 의붓아들은 어떤 의미에서는 결코 거짓을 행하는 것도 아니었다. 계모와 처음부터 사이가 좋았다든가 하면 그것이야말로 오히려 어색하다.

계모와 의붓자식이란 처음에는 위화감으로 갈등하다 서로 용서하는 사이가 되면 대성공인 것이다. 그래서 그가 "잘난 선생님"이라는 말이 지겨워지면 "우리 엄마는 지적(知的)이에요, 정말로" 하며 대놓고 칭찬하게 되는 것도 사실이다. 겉과 속이 다르다든지 무책임한 말만 한다고 비난할 것도 아니다. 인간의 마음은 본시 분열되어 있는 것이다.

그러나 노인이 되면 아무개는 나의 마음을 알고 있다든지, 아무개는 나의 편이라는 등 유치한 표현을 하게 된다. 마음에 맞는 친구가 있으나 그것은 상대가 옳은 사람이기 때문에 좋아하는 것은 아니다. 그저 왠지 모르게 느낌, 어리석음, 성질, 취미 등이 닮았기 때문에 친구가 되는 것이다. 내 편이니까 받아들이고 자신을 비난할 경우 거부하는 형태로 사고가 변하게 되면 상당히 노화가 진행되고 있다는 것을 스스로 자각해야 한다.

칭찬하는 말조차도 주의할 것

고령자로서 사회적인 지위를 갖고 있는 사람이라면 발언에 신중해야한다. 칭찬할 때는 당사자에게만 살짝 말하는 정도의 배려가 필요하다. 칭찬하는 것은 좋은 일이지만 생각지 않게 역효과를 초래하는 경우도 있다. 고령자의 평가는 모두가 주목하여 듣는 자세를 가지므로 손아래의 특정 개인에 대한 칭찬이나 비난 등은 신중하게 하는 것이 바람직하다.

비방하는 경우도 고령자라면 그만큼 결정적인 무게를 갖게 된다. 칭찬하는 것은 좋은 일이지만, 칭찬받을 점도 여러 가지가 있을 수 있는 것인데 한 가지만을 칭찬하는 것은 나머지 좋은 점의 가치를 인정하지 않는 것이 되기도 한다.

특히 책임자 위치에 있는 사람이 조직에서 표창 형식 이외의 개인적인 칭찬을 일반에게 알려지기 쉬운 자리에서 하는 경솔한 짓은 피해야한다. 꼭 개인적으로 칭찬하고 싶으면 그 당사자를 따로 불러 조용히 칭찬하면 된다. 그 말을 들은 당사자가 소문을 내든지 비밀로 하든지는 상대의 성격에 달려 있는 문제이다.

한 사람을 공개적으로 칭찬하는 일은 반대로 열 명에게 '아아, 저 사

람은 저 정도의 일밖에는 감동하지 못하는구나. 다른 것은 못 보는구나'
라는 실망을 주는 예를 회사 같은 조직에서 자주 접한다.

조직상 사람들을 관리하는 자리에 있는 노인이라면 보통 사람에게는
필요 없는 자제심이 필요하다.

조직에서 상급자가 되려면 자제심을 갖춘다

높은 지위나 훈장을 탐낸다든지, 특수한 명예를 지닌 단체의 회원이나 임원이 되길 원한다든지, 비석, 동상 등을 세워주길 바라지 않아야 한다. 만일 이러한 욕심이 생기면 늙고 있다는 증거로 자각하고 경계해야 한다. 또 금박을 두른 고가의 전집 등을 출판하지 않는 것이 좋다. 책이란 겉모양이 아닌 그 안의 내용이 중요하다. 될 수 있는 한 누구든지 사기 쉬운 형태로 만들어져야 하고, 모든 사람이 읽을 수 있도록 해야하기 때문이다.

언젠가 깊은 산속에 있는 호수에 오랜만에 갔더니, 못 보던 시비가 하나 서 있었다. 그곳 공무원에게 물어보니 어느날 시인이라는 사람이 전화로 이번에 호반에 자신의 시비를 세울 거라는 일방적인 통고를 해왔다는 것이다. "별로 나쁜 일도 아닌 것 같고 해서"라는 정황이었지만 좀 서글픈 심정이 들었다. 돌에 새기지 않는다고 해서 남지 않을 것 같으면 없어져도 그만이다. 그리고 어떠한 일이건 그 정도까지 자신을 내세우지 않아도 좋을 것 같다는 생각이 든다.

예술이 사회적인 명예를 얻으려 하면 바로 그 순간 인간의 속물성에 휘말리게 된다. 예술이란 그것을 사랑하는 사람들의 마음에 두루 퍼져 있을 때에만 본래의 생명을 유지하는 것이다.

사회적인 명예를 얻고자 하는 것은 아무리 생각해봐도 예술 자체에 대한 애정이 고갈되었거나 불안을 느끼고 있기 때문이라고밖에 생각할 수 없다.

이렇게 말할 수도 있지 않을까? 예술이 고갈되는 것은 전혀 부끄러운 일이 아니다. 이 세상 모든 것들은 언젠가 없어진다. 명예를 바라는 것은 어쩔 수가 없다. 그렇더라도 그때는 예술을 그만두는 것이 좋겠다.

내게 있어서 인간의 죽음 가운데 가장 아름다운 모습은 바람처럼 흔적 없이 사라지는 것으로, 사후의 명성을 바라는 마음을 나는 전혀 이해할 수 없다. 나는 전에는 유명인의 전기 소설을 읽는 것을 즐겼는데, 그 당사자가 살아 있다면 정확하지도 않은 사실투성이 때문에 너무나 재미있어 웃어버리든지 아니면 화를 낼지도 모른다는 생각을 가끔씩 하곤 했다.

나에 대해 씌어진 조그마한 기사를 보더라도 대부분이 정확한 근거가 없다는 것을 보면 더욱 명백해진다. 그래서 최근에는 부정확한 전기 소설을 읽지 않게 되었다.

세상에는 비방하는 말이라도 좋으니 자기에 대한 글을 누군가 써줬으면 하는 사람도 있는 것 같은데, 나는 조용하게 사라지는 것을 원한다. 소설가가 나이 들어 전혀 글을 못 쓰게 되고 그러다가 죽었다는 그 과정을 생각해보면 정말로 멋있는 말로라고 생각한다. 모든 사람의 죽음은 자연스러운 것이 좋다. 조용히 죽을 수 있음으로써 비로소 잡초와 같은 죽음의 영예를 안을 수 있다.

예술 분야에서 비판받는 일이 없는 대가가 되면 그때는 이미 사회가 거짓 명성을 맹목적으로 숭상하고 있는 것이든가 아니면 지식인들이 가망 없다고 제쳐놓은 것이라고 생각하고 조용히(소설가의 경우) 작품 쓰는 일을 그만두는 게 현명하다.

이 항목만은 나와 관계없는 일이지만, 하나의 패턴으로 소설가를 예로 들었다. 예술뿐만이 아니라 그 밖의 모든 분야에 있어서 늙음이란 영광과 맹목을 동시에 부여한다.

위대한 영예의 소유자일수록 그 무분별한 행동을 지적당하는 일 없이 조용히 세상 사람들로부터 경원당하고 있는 것이다. 당사자는 눈치채지 못한 채 아직도 세상은 자신을 존경하고 있다고 생각한다. 늙음을 측정하는 기계는 없을까? 입 냄새를 본인에게 경고하는 장치는 없을까?

어느 노작가에 대한 이야기를 들었다. 내가 좋아하는 작가였다. "언제부터인가 용어의 쓰임이 앞뒤가 맞지 않아 문장의 의미를 알 수 없게 되었다"고 한다. "그래서 편집자가 넌지시 정정을 부탁하러 갔으나 역시 고쳐지지 않았다"고 한다.

그 이야기를 듣고 덜컥 겁도 났고, 또 나에게 어떤 안도감도 주었다. 나의 경우에는 중간에 체의 역할을 해주는 젊은 사람이 있어서 다행이라고 생각했다. 그 체에 걸려 이것은 더 이상 도저히 멀쩡한 인간이 할 일이 아니라고 생각될 때 거기서 그 일을 그만두면 된다는 안도감이 생겼다.

그러나 그런 기대도 보통 작가의 경우에 한한다. 대단한 존재의 대작가가 되면 그 친절한 체의 역할을 하는 사람이 없어진다. 다소 이치가 맞지 않아도, 대작가라는 것만으로 그 사람의 문장은 활자가 되어 세상을 괴롭게 만든다. 다른 분야에도 이와 비슷한 일은 있을 것이다.

물론 그것도 결코 나쁜 것만은 아니다. 대작가가 어법에 맞지 않는 글을 썼다 하더라도, 그것 자체로 인간의 비애와 어처구니없음을 느끼게 되어 나는 가슴이 훈훈해진다. 이유는 없지만 '그거 괜찮은데'라고도 생각된다. 그러나 보통은 그런 위험을 피하려 할 것이다. 정신이 반쯤 나갔어도 큰 피해 없이 넘어갈 수 있는 것은 무엇이 있을까?

나는 도자기 굽는 일을 하는 나 자신을 상상한다. 개인전을 개최한다든가 작품을 오동 나무 상자에 넣어 마구 상자 뚜껑에 서명, 날인을 해대려고만 하지 않으면 괜찮다고 생각한다. 아마 나는 수준 이하의 접시나 그릇을 내가 아는 이 사람 저 사람에게 생색이나 내듯이 떠맡기는 일 등을 할지도 모르지만, 그 피해는 별로 크지 않다. 받은 사람이 도저히 사용할 수 없다고 생각하면 바로 깨어버리면 된다. 그릇은 흙이다. 다시 바로 흙으로 돌아간다. 이런 취미야말로 무난하다고 생각된다.

젊은 날 이러한 계산을 세워두고 그렇게 함으로써 내 딴에는 상당한 위험을 피해갈 수 있다고 생각한다. 젊은 혈기의 실수가 아닌 젊은 혈기

의 어리석음이다. 그러나 언젠가 마음의 '질서'가 흐트러져버리는 운명
을 피해갈 수는 없을 것이다.

평균 수명을 넘어서면 공직에 오르지 않는다

　주위 사람들이 치매기가 있는 것을 은근히 걱정하는데도, 본인은 아무렇지 않은 듯 정계에 나서려 하는 사람이 가끔 있다. 가족도 조금은 걱정하고 있는데도, 이제 새삼 출마를 포기하도록 하면 당사자가 대단히 실망할 것을 염려하여 선거를 응원하기도 한다. 정말로 사회에 대해 몰염치한 일이다.

　유명한 여성 정치가가 있었는데 81세와 87세 때 두 번 참의원 선거에 출마했다. 사람들은 이 정치가의 깨끗한 정치 활동이나 이념을 높이 평가했으나 나는 한 번도 그렇게 생각한 적이 없다. 사람이 70세를 넘어서면, 아니 평균 수명을 넘어서면 언제 죽을지 알 수 없으며 혹은 죽지 않더라도 갑자기 체력이 쇠약해진다든지 치매에 걸린다든지 하는 일이 일어나지 않는다고 장담할 수 없다. 통계상 이러한 증상이 나타나는 연령을 넘어서서 선거에 나서는 것이란 정말로 무책임한 일이다.

　나는 이분을 개인적으로는 알지 못했지만 훌륭한 분으로 인식되어 있었다면 아마도 이러한 자만심을 부렸던 게 그때부터 치매 증상이 나타나고 있었기 때문일지도 모른다는 생각이 들었다. 특히 정치처럼 커다란 책임을 지는 일은 약간이라도 신체의 이상을 느낀다든지, 일정 연령에 도달하면 위기를 피하기 위해서도 그만두지 않으면 안 된다.

노인을 경로의 의미로 관리직에 취임시켰더니 언제까지나 그 자리에 딱 버티고 앉아 물러날 줄 몰라 애를 먹었다는 이야기를 들은 적이 있다. 이와 같은 폐해에 관한 주의는 50세를 넘어서면 스스로 부과해야 한다. 50세란 이미 젊은 나이가 아니니, 항상 젊은 세대에게 길을 양보하는 정신을 갖고 있어야 마땅하다.

모두가 친절하게 대해주면 늙음을 자각할 것

자신의 판단력이 흐려지고 있는지 어떤지를 판별하는 데는 이 방법 뿐이라 생각한다. 노인들 중에는 바보 취급을 하건 그 어떤 취급을 하건 다 좋으니, 단지 친절하게 대해주기만을 바라는 사람도 있는데, 그것은 스스로 인간임을 포기하는 것이다.

물론 언젠가는 포기해야 할 때가 오겠지만, 어쨌거나 동정심만 받으면 그만이라는 생각이 나는 정말로 싫었다. 노후에 받아야 하는 것은 동정심이 아니라 지극히 평범한 인간으로서의 대우이다.

가능하면 존경을 받는 것이 좋다. 그러나 앞에서도 지적했듯이 존경은 헛되이 나이만 먹는다고 되는 것은 아니다. 인간적인 면에서 존경받을 만해야 하는 것이다.

상대가 말대꾸를 한다면, 그것은 아직 상대가 자신에게 논리적이기를 기대하는 증거이므로 크게 기뻐할 일이다. 무엇이든 억지를 써도 상대방이 참고 따라주거나 간드러진 목소리로 지당하다느니 어쩌니 하고 비위만 맞춘다면 이젠 끝장인 것이다.

세상이나 주위 사람에게 빤히 들여다보이는 구애는 하지 않는다

노인들 중에는 주위 사람들의 주목을 끌기 위해 늘 병이 들었으면 하고 바라거나 일부러 상처를 내려고 하는 사람들도 있는 것 같다. 그 결과 의사를 부르든가 입원하든가 하면 병문안 오는 사람도 있을 것 같고 해서 기분이 좋아지는 모양이다.

물론 노인들은 외롭기 때문에 이러한 일들을 생각해내지만, 주위 사람들은 금방 알아차리게 되므로 부끄러운 일이다.

일반적으로(젊은 사람을 포함해서) 남자들의 가장 강압적인 구애의 형태는 '죽여버린다' 라는 표현이며, 여자들은 '죽어버리겠다' 는 식이라고 한다. 어느 쪽도 폭력이다. 스스로 다치게 하고, 병이 들고 싶어하고, 기운 없는 척하는 것은 정말 그 입장에 처해보지 않고서는 해서는 안 된다고 말할 수는 없을 것이다. 하지만 나 자신은 그런 표현들이 그다지 바람직하다고는 생각하지 않는다.

나이 들어 이혼하면 편안하기는 하나 몹시 외롭다

배우자와 사별했든지, 혹은 자신은 원치 않았어도 버림받은 경우는 혼자 살아가는 것에 일종의 체념이 있는 것 같다. 그러나 스스로가 원해서 이혼한 사람들 중에는 노후에 대단히 쓸쓸한 생활이 있을 뿐이라는 것에 대해 깜짝 놀라는 사람이 있다.

내가 전에 알고 있던 부인은 까다로운 성격의 남편 때문에 그 부인의 말을 빌리자면, '지옥 같은 고통'을 맛보았다고 한다. 언제 남편이 호통을 칠지 몰라 무서워서 벌벌 떠느라 머리카락이 다 빠진 적도 있었다고 한다. 결국 더 이상 참을 수 없게 되어 도망나온 후 그녀는 고생고생 하여 자식을 길렀고 마침내 아들 부부가 외국에 주재원으로 떠나게 되었다. 그녀는 혼자 몸이 되어보니 외로움이 뼈에 사무쳤다.

아무렇지도 않게 걸어가는 부부를 보아도 저 사람들은 둘이라 좋겠다고 생각했다. 그녀의 아들 말에 의하면, 옛날 이혼하지 않았을 때의 어머니는 그저 자유만을 동경했다. 그러나 혼자가 되고 나니, 자신이 어렵사리 얻은 행복이란 단지 불만의 씨가 될 뿐이라는 것이다.

미움조차도 때로는 외로움보다는 나은 것일까? 이런 점에 대해서 인간은 미리 예측하는 것이 불가능한 일인가? 원해서 이혼하여 혼자가 되었다면 노부부를 보아도 '아아, 저 사람은 나이 들어서도 아직 남편의 시중을 들고 있겠구나. 참 힘들겠다. 그러니 나는 얼마나 편한가!' 라고 생각해야지 그렇지 않으면 의미가 없다는 것이다.

남편과 사별한 사람도 마찬가지다. 남들은 나쁘게, 자신은 좋게 생각하라는 것은 아니지만, 혼자는 혼자인 대로 좋은 점이 있다는 것을 자각하지 않으면 안 된다.

이와 반대로 옛날에는 사이가 좋았던 부부로, 남편의 다리가 부자연스럽게 된 사람이 있다. 남편은 덩치가 큰 사람이어서 화장실 가는 것을 거드는 일도 쉽지 않았다. 노부인은 자그마한 체구였는데, 점차로 간병하는 것을 불평하게 되었다. 빨리 죽었으면 좋겠다고는 말하지 않았지만, 그런 소리로밖에는 들리지 않는 말들을 입밖에 내기 시작했다.

인간은 약한 존재이기 때문에 자신을 비호해주는 동안만을 감사히 여기고 자신에게 짐이 되면 미워하게 되는 일도 있을 수 있겠으나, 옛날 사이가 좋았던 부부라면 상대방에게 고마움의 마음을 표시하기 위해서라도 상냥하게 위로해줘야 마땅하지 않을까? 그렇지 않다면… 정말이지 울적한 일이다.

노인이라는 사실을 실패의 변명 거리로 삼지 않을 것

사회와 지극히 예사로운 관계(인간적, 경제적, 정치적, 학문적 등)를 유지하는 노인이 실패를 하면 갑자기 '나는 노인이니까', 혹은 '노인에게 무슨 말인가' 라는 말을 하는 사람이 있다.

노인이란 사실을 인정한다면, 처음부터 보통의 사회적 계약에 기본을 둔 관계를 갖지 않아야 한다. 임금이나 보수도 적은 것이 당연하며, 사회적으로 책임 있는 지위에 오르는 것도 사양해야 마땅하다.

지위에 오른 이상은 실책이 있었을 때 '나는 노인이니까' 라고 하며 책임을 회피하는 것은 용서받지 못한다. 이것이 괴롭다면, 음식물을 자진해서 자신의 양의 팔할 정도로 적게 먹듯이, 하는 일도 절반 정도로 줄여가지 않으면 안 된다.

건망증이나 다리나 허리의 불편함을 일일이
변명하지 않을 것

변명하는 것은 매사에 주의를 잘 기울이는 노인들에게 흔하나, 그것이 오히려 귀에 거슬리는 일이다.

잘 잊어버리거나, 다리나 허리의 부자유스러움도 모두 자연스런 현상이다. 당당하게 잊어버리고 당당히 부자유스럽게 행동하면 그만인 것이다.

다만 그러한 증상들이 너무 심해지면 주위 사람들이 신경을 쓰지 않게 하기 위해서라도 공공 장소에는 나가지 않을 정도의 예의는 차릴 줄 아는 것이 좋다. 현대 생활에서 예를 들면 다리, 허리가 불편한 사람의 안전한 외출을 위해서는 생각 외로 사람들의 도움이 필요하다. 특히 자동차나 사람이 붐비는 도시에서는 몸이 불편한 노인을 친절하게 받아들일 수 있는 상황이 못 된다. 그런 곳에 나가기 위해서는 두 배, 세 배로 남의 도움이 필요하다.

노인이 조심스럽게 그리고 당당하게 늙음을 받아들이기만 하면 누구든지 탄복하게 되는 법이다.

가능하다면 젊었을 때부터 자신의 건강 관리에
도움이 될 만한 책을 읽는다

만일 당뇨가 있다면 당뇨병에 관한 책을 스스로 읽어 병에 대한 초보자 나름의 지식을 갖추어야 한다. 그리고 필요한 식이 요법이 있으면, 스스로 병에 알맞은 식단을 짤 수 있도록 해두는 게 좋다.

나는 50세를 넘어서부터 초보자용, 전문가용의 한방이나 정체(整體) 요법, 침구, 지압 등에 관한 책을 읽게 되었다. 그렇지만 머리가 맑아져 독서에 몰두할 수 있는 시간에는 계통이 선 본격적인 책을 읽기로 했다. 언젠가는 '자신의 몸을 잘 관리하는 것이 중요한 일'이 되겠지만 가능하다면 끝까지 '살아서 생각할 수 있는 것을 자신의 중요한 일'로 하고 싶었기 때문이었다.

그중에서 가장 도움이 되었던 것은 한방의 지식이었다. 급성 질환에는 서양 의학, 병에 걸리지 않는 몸을 만드는 데는 한방이라는 구분은 있으나, 한방을 이용한다고 해서 갑자기 어떠한 양약도 먹지 않게 된다거나 하는 것은 아니다.

한방으로 치료하는 방법도 남에게만 맡겨두면 결과가 참담해지기도 했다. 내가 40대 후반에 다른 사람보다 백내장이 급격히 심해지자 누군가가 팔미환(八味丸)이 백내장에 특효약이라고 알려주었다. 나는 눈이 보였으면 하는 일념으로 몇 개월 동안 정성껏 그 약을 먹었으나, 전혀 효과가 없다는 느낌이 들었다. 나중에 안 것이지만 그 약은 나의 체질에 하나도 맞지 않았던 것이다.

백내장은 수술 덕분에 극적으로 좋아졌지만, 다음 차례는 무릎이었다. 무릎이 부어 통증이 컸다. 어머니에게도 같은 증상이 있었다. 나는 정형외과에서 '노인성 관절 변형'이라는 진단을 받았다. 의사는 "연세가 많으시니까요"라며 은근히 단념하는 게 좋을 거라는 말투였다.

그러나 나는 그렇게는 할 수 없는 이유가 있었다. 다도(茶道)의 자리에 초대되는 정도라면, 나는 다도에 소양이 없으므로 "대단히 죄송합니다. 다리를 다쳤기 때문에"라며 정좌하지 않아도 될 듯 싶었다.

그러나 나는 아직도 지중해 연안의 문화나, 성 파울로에 대한 조사를 계속하고 있었는데, 몇 명이 차로 움직일 경우 나는 취사를 맡곤 하였다. 바닥에 널려 있는 가방에서 필요한 조리 용구를 찾는다든가, 재료를 꺼낸다든가, 남아 있는 것들을 깨끗이 정리해야 할 의무가 있었다. 그런 일들은 바닥에서 무릎을 꿇은 자세로 해야 하는 일이었기 때문에, 무릎을 다칠까봐 조바심을 낸다거나 하면 도저히 그런 원정의 요원이 될 수 없는 것이었다.

나는 무슨 수를 쓰더라도 무릎을 내 힘으로 고치고 싶었다. 한방에 관한 책을 읽기 시작한 것도 그 무렵부터였다. 스스로도 저혈압과 냉증으로 왠지 혈액 순환이 좋지 않은 것 같은 느낌이 들었다. 그래서 우선 혈액 순환을 촉진시키는 약을 써보려고 마음먹었다.

그 이전에도 목이 아픈 것이 낫지 않아서 한의사로부터 약을 조제해 먹은 적이 있었다. 그 약은 매일 약탕기로 달이지 않으면 안 되었는데, 약 달이는 일은 그렇게까지 힘들지 않다 해도 냄새가 온 집안에 진동하여 식구들에겐 여간 괴로운 것이 아니었다. 게다가 약도 먹기가 굉장히 고약했다.

나처럼 게으르고 태만한 사람에게 약을 지속적으로 복용시키기 위해서는 '간단함'이라는 조건이 필수이다. 나는 그 후부터 달여야만 하는 약은 단념하기로 했다. 지금은 시중에서 엑기스를 정제로 해서 팔고 있는 것을 사먹는다. 물론 약은 달여 먹어야 효과가 있다고 알고 있지만 최선이 아닌 차선책이라도 어쩌겠는가.

3개월이 지난 어느 날 나는 문득 아무런 통증도 없이 무릎을 굽혔다 폈다 할 수 있게 되었다는 것을 알았다. 기초 약재인 '계지복령환 (桂枝茯笭丸)'이라는 울혈된 피를 움직이게 하는 약을 복용했을 뿐이었는데 말이다. 그로 인해 좀처럼 낫지 않는다고 했던 '노인성 관절 변형'의 자각 증상이 이제는 없어지게 되었다.

그렇다고 한의사가 필요 없다는 것은 아니다. 단지 자기 몸의 극히 미세한 습성은 자신밖에 알 수가 없다는 것이다. 그래서 나는 그 후로 한방 약의 기본 원리를 읽고 하나 하나 약초의 특성이나 조제의 원리 같은 것을 공부했다.

지금 내 옷장의 한 모퉁이는 한방 약이 차지하고 있고, 그때 그때 적당하다고 생각하는 약을 복용한다. 물론 나는 자격이 없으므로 남에게 권할 수는 없다. '계지복령환' 이란 약을 밝혀놓은 것은 이 약만은 상당히 폭 넓게 어떤 체질의 사람도 복용이 가능하도록 순하고 기초적인 약이란 것을 알고 있기 때문이다.

그러나 한방에서는 계속 복용해서는 안 되는 약도, 부작용이 전혀 없다고 말할 수 없는 약도, 또 그것 한 가지 만으로는 독이 되는 약도 사용하고 있다. 따라서 그것을 잘 알고 자신의 체질에 맞추어 복용하지 않으면 안 된다.

내일도 복용하고 싶은지 어떤지가 한방약이 자신의 체질에 맞는지 아닌지를 가늠하는 기준이라는 내용을 읽은 적이 있는데, 그것이 바로 명언이다.

초보자가 그런 공부를 하는 것이 어렵지 않냐고 말하는 사람이 있다. 그러나 나는 모든 것을 독학으로 했다. 하룻밤에 오 분씩 몇 년 동안이나 시간을 내어 읽었다. 책을 읽어도 충분히 알 수 있다. 어떤 한방약의 해설서를 읽어야 좋을지도 내 스스로 찾아냈다.

사람에 따라 도달 방법은 여러 가지이다. 시간은 충분하므로 이런 독학에 시간을 쪼개 쓰는 것도 시간 이용을 잘하는 방법이다.

건강 기구 약 등을 타인에게 무턱대고 권하지 말 것

나는 호기심이 많아서 건강 기구든 한방약이든 무엇이든 간에 기회 있을 때마다 전부 시험해보고 싶어하는 편이다. 의료에는 생각치 못한 샛길이 있는 것이라 별효과가 없어 보이는 치료법이 오히려 만성병에 잘 듣는 경우도 있다.

그러나 아무리 친절한 마음에서 비롯된 것이라 해도 이런 것들을 다른 사람에게 강권하는 것은 별로 좋은 일이 못 된다. 상대방이 선의에서 하는 말인 만큼 거절할 이유도 없고 해서, 상당히 값비싼 건강 기구 등을 사게 되는데 곧 사용치 않게 되어 놓아둘 장소 때문에 곤란한 지경이 되는 경우를 자주 본다. 얘기를 하는 것은 좋으나 결코 집요하게 강권해서는 안 된다.

배설 문제에 너무 신경질적이 되지 말 것

생리적으로 쾌적한 상태를 유지하는 것은 누구에게나 중요한 관심사이다. 특히 노년이 되면 배설 기능의 좋고 나쁨이 살아 있음을 실감할 수 있는 대부분을 차지한다 해도 과언이 아니다.

변비에 대해서는 일반적으로 상당히 둔감하든가 신경질적이든가 두 가지로 갈라진다. 내가 여기서 말하려 하는 것은 결코 의학적 문제가 아니다. 나에게는 그런 자격이 없다. 단지 얼마 동안 변비가 지속되면 안 되는지는 각자가 자신의 체질이나 상식적인 지식으로 당연히 알고 있을 것이다. 일주일이나 열흘, 또는 반달이나 방치해서 어쩔 도리가 없게 되는 것도 곤란한 것이지만, 하루 동안 없었다고 해서 야단법석을 떠는 것도 노년에 한가하여 달리 생각할 것이 없어져버린 생활의 정신적 빈곤을 나타내는 것이다. 배설에 관한 관심은 거의 대부분이 심리학적 문제라고 할 수 있다.

유학자 가이바라에키켄(貝原益軒)의 『양생훈(養生訓)』이라는 책은 노인이 육체적 정신적으로 주의해야 할 사항에 관해 잘 표현한 책이다. "병이 나면 우선 식이 요법을 하고 그것으로 낫지 않으면 약을 사용하라"든가 "책상다리를 하고 기대어 앉아 있는 것은 좋으나 자꾸 누워서는 안 된다"는 등 매우 세심한 배려를 충분히 하고 있다.

그러나 생리 작용에 대해서는 "대변은 보지 않아도 큰 해는 없으나, 소변은 오랫동안 보지 않으면 위험하다"라고 대범하고도 명확히 기술하고 있다.

갑작스러운 성격이나 감정의 변화는 몸에 이상이 생긴 것

어느날 갑자기 쉽게 피로해졌다는 것은 스스로도 알 수 있다. 그러나 별안간 세상이 암담하게 느껴진다든지, 화를 잘 내게 되었다든지 하는 것은 혈압에 이상이 있든가 동맥경화가 원인이든가 한다. 그렇지만 본인은 결코 그렇게 생각하지 않으며 그렇게 말하면 점점 더 화를 내게 된다.

인간의 정신은 육체의 상태로 간단히 좌우되는 경우가 있다. 그러므로 자신의 성격이 갑자기 변할 수 있다는 것을 평상시 늘 생각하고, 그런 말을 들으면 오히려 고맙게 생각해 의사를 찾는 것이 현명하다. 왜냐하면 선천적인 성격은 결코 고쳐지지 않지만 후천적으로, 즉 어떤 원인에 의해 야기된 것은 그 원인을 없앰으로써 비교적 쉽게 나아질 수 있기 때문이다.

그렇지만 예를 들어 우울병이 생겼을 때 혈압이 몹시 낮아졌기 때문에 그렇게 되었다고 알아차리기는 상당히 어려운 일이다.

러시아워의 혼잡한 시간대에는 이동하지 말 것

노인이 러시아워의 혼잡한 시간에 차를 타야만 하는 경우는 거의 없다. 전철에만 해당되는 것이 아니다. 백화점의 세일 매장, 유원지, 사람이 많이 붐비는 곳에서는 다치기 쉽기 때문에 피하는 것이 좋다. 천천히 잘 따져보면 어떤 장소이건 사람들이 별로 오지 않는 시간이 있는 법이다.

짐을 들고 다니지 말 것

외출이나 여행을 할 때 노인이 짐을 들어서는 안 된다. 동행자가 없으면 자신이 피곤해지고, 동행자가 있는 경우엔 차마 볼 수 없어 "좀 들어드릴까요"라고 말하게 되기 때문이다. 개중에는 그 점을 어느 정도 기대하고 짐을 들고 다니는 노인도 있다.

노인이라고 해서 여행지에서 물건을 일절 사면 안 된다는 것은 배려하는 마음이 없는, 오히려 차별하는 거라고 화를 내는 사람도 있으나 그런 것은 아니다. 나는 노인이라는 말을 듣기에는 아직 이른 무렵부터 짐을 들 수 없게 되었다.

인간의 노화는 그 사람의 개성에 따라 나타난다. 걷는 속도부터 느리게 되는 사람이 있고, 치아가 먼저 나빠지는 사람도 있다. 나는 다리도 민첩하고 치아도 건강했지만 일찌감치 짐을 들 수 없게 되었다.

젊었을 때에는 나도 여행지에서 물건을 잘 샀다. 지금도 기억하는 것 중에서 가장 욕심내서 산 것은 호쿠리쿠(北陸)에서 겨울 방어 한 마리를 사서 손질하여 40조각 정도로 토막 친 것을 토쿄까지 갖고 온 일이다. 그런 정도로 나는 먹는 데에 욕심이 많은 사람이었다.

그러나 나는 점차로 손가방까지도 가벼운 것을 들게 되었다. 방어를 한 마리 사서 돌아오는 일 등은 꿈도 못 꾸는 일이다. 하기야 최근에는 택배나 냉동 택배라는 것이 있어서 방어를 사고 싶으면 냉동 택배로 배달시키면 된다. 다시 말해서 스스로 할 수 없는 일은, 자신이 비용을 부담하여(남의 호의에 의지하지 않고) 원하는 것을 이루는 방법도 있다.

그러나 사람들이 나쁘게 말하는 것은 돈을 들이지 않고 '어떻게든지' 공짜로 해주는 사람에 의존하려는 노인의 치사한 근성이다.

노인이 아니더라도, 장애인이 아니더라도 누구든지 자신이 짐을 들 수 없게 되면 단념해야 한다. 또는 그 정도로 토산품을 살 경제적인 여유가 있으면 외출할 때 자신보다 훨씬 젊은이를 고용하여 자신의 짐을 들어주게끔 하면 된다. 그래야만 누구에게도 떳떳해질 수 있다.

식사 방법에 주의와 배려를

　찰떡이 목구멍에 걸려 죽는 것은 오래 고통 받지 않으므로 어떤 의미에서는 그리 나쁜 죽음의 형태는 아니라고 생각한다. 그러나 주위의 사람들이 놀랄 것이므로(세상 사람들의 웃음 거리가 되는 것은 하등의 문제가 되지 않지만) 일단은 주의하는 것이 예의일 것이다.

　나 자신도 음식물을 삼키는 기능이 선천적으로 좋지 않은 사람이다. 큰 알약, 비프 스테이크, 오징어 회 등이 젊었을 때부터 목에 걸려 잘 안 넘어가는 경우가 많았다. 오징어 회가 목구멍에 걸려 죽을 뻔했던 적도 있었다. 그 후 공포감이 더욱 커졌다. 이 경우 재료를 작게 썰어 조리하면 된다. 고기류는 나이프로 잘라 먹고, 마비 등으로 마음대로 안 되는 경우는 조리용 가위로 잘게 썰어 먹으면 된다.

　특히 주의할 것은 눈깔사탕이다. 지난번 양로원에서도 겉이 반들반들한 사탕은 위험하다는 말을 들었다. 틀니 없이 잇몸 사이로 알사탕을 굴리고 있는 사이에 기도로 홀렁 들어가버린다는 것이다. 네모난 사탕이라면 어느 정도 위험성을 막을 수도 있을 것이다.

　급하게 먹지 않는다. 나이가 들어 일도 적어졌으므로 식사는 천천히 해야 한다.

시력, 청력 등이 저하되면 일각이라도 빨리 손을 쓸 것

어차피 노인이니까 낫지 않을 거라 생각하고 방치하는 것은 스스로 자신의 생명을 단축시키는 일이다.

노인이 되어 다리가 불편해져도 눈이 좋은 노인은 독서나 텔레비전을 즐길 수 있다. 눈도 사용하지 않으면 퇴화되기 쉬울 것이므로, 독서를 위해 밝은 전기 스탠드를 갖추고 확대경을 사용하여 눈의 훈련을 지속해야 한다. 독서나 텔레비전만큼 돈 안 드는 훌륭한 오락은 없다.

또 노인의 귀가 잘 안 들리는 것에 대해서도 세상 사람들은 일반적으로 너무 쉽게 체념해버리는 것 같다. 귀가 잘 안 들리는 사람은 장수한다는 말도 있으나, 청력이 나쁘면 우선 가족이나 친구의 이야기에서 처지게 된다. 대화가 종잡을 수 없게 된다든가 똑같은 말을 몇 번이고 반복해야 하므로, 자연스레 주변 사람들과 대화 나누기가 번거롭게 되고 만다. 밖에서 들려오는 자극이 적어지게 되므로, 본인의 화제도 그만큼 줄어들게 된다.

내가 아는 노인 한 분은 주위 사람들과 대화가 불가능하다고 한탄하곤 한다. 그녀에게 대화란 언제부터인지 누군가가 그녀에게 말을 걸어주는 것을 뜻하는 것이 되어버렸기 때문이다. 대화란 이야기에 끼여드는 것이며 대부분의 경우 자신은 말하지 않고 다른 사람의 말을 한쪽 귀로 듣고 흘려버리는 것이기도 하다. 듣는 것은 말하는 것 이상으로 중요하다. 청력을 잃는 것에는 대단한 주의를 기울여야 한다.

보청기나 안경에는 예산이 부족해도 무리해서라도 돈을 쓸 필요가 있다. 자식들도 과자나 방석을 선물하는 것보다 이런 것에 마음을 쓰는 편이 좋다.

만약 시력에 자신이 없는 사람이라면, 시력이 괜찮을 때에 눈이 잘 보이지 않게 됐을 때를 대비해서 다시 읽고 싶은 책 등을 스스로 테이프에 녹음해놓는 것도 유익한 시도이리라.

입 냄새, 몸 냄새에 신경을 쓸 것

노인이 되면 피부가 건조해져 몸 냄새도 없어지게 된다고 하는데 그렇다고 안심해서는 안 된다. 노인 특유의 독특한 냄새가 날 수 있다.

특히 입 냄새 나는 것을 알려주는 친구를 갖는 일도 중요하다. 다른 것들은 간단히 말할 수 있어도 "너 입 냄새 나는데"라고 말할 수 있는 사람은 극히 적다. 배우자가 말해주면 제일 좋지만, 배우자가 없거나 있어도 나이 들어 냄새를 맡을 수 없게 되었거나 하면 어쩔 도리가 없다.

어쩐 일인지 입 냄새 나는 것에 신경이 쓰였는데, 반 년 후에 위암으로 입원한 사람도 있었다. 그때 내가 말해주었으면 좋았을걸 하고 그 후에 후회한 적도 있으나 입 냄새가 났을 때는 이미 늦었을지도 모른다고 자위한 적도 있었다. 자신이 잘 알 수 없는 입 냄새만은 서로 알려주는 약속을 해두는 것이 좋을 것 같다.

노인의 짙은 화장은 별로 느낌이 좋지 않다고는 하나, 차림새를 단정히 하는 것은 노인일수록 필요하다고 생각되어진다. 생활 환경이 갖추어져 있지 않으면 불가능하지만, 만일 건강이 허락한다면 노인은 매일 목욕을 하고, 늘 피부를 청결히 하고, 낡았더라도 잘 세탁한 옷을 입어야 좋다.

할머니들이 사용하는 향수는 퍽 애교스럽고 괜찮은 것이다. 산뜻하고 깔끔한 노인의 주위에는 반드시 사람이 모여들게 되고, 그럼으로써 생활도 생동감 있게 되기 때문이다.

자주 씻을 것

　나이 들면 불결한 것에 태연한 사람이 있다. 나이가 많아짐에 따라서 시력·후각이 쇠퇴하는 것은 어쩔 도리가 없으나 침구, 셔츠, 잠옷 등도 더러운 것을 태연스레 착용하는 사람이 있다. 세탁기가 있어도 내놓지 않는 것이다.

　청결하게 하는 것은 자신을 위해서도 그렇지만 동시에 주위 사람에 대한 예의이다. 그러므로 내의는 매일 매일 혹은 이틀에 한 번, 침구나 잠옷 등은 날을 정해서 더럽게 보이든 보이지 않든 세탁해야 한다. 노인이 지저분해 보일 때 실제로 불결한 상태가 되어 있는 경우도 결코 적지 않다.

화장실 사용 시 문을 꼭 닫고 잠글 것

화장실은 문을 꼭 닫고 사용한다.

무릎은 똑바로 가지런히 놓고 의자에 앉는다.

이 두 가지도 노화의 정도를 정확히 나타내주는 것들이다. 어쩐 일인지 화장실에 들어가 문을 완전히 닫고 잠그는 이런 것들조차도 나이가 들면 귀찮아지는 것 같다. '노인이니까 열어둔 채로 용변을 봐도 별대수로운 일이 아니다'라고 하면 할 말은 없으나, 문제는 그러한 정신상의 해이와 세상 사람에 대한 배려의 결여이다.

화장실에 들어가 단정치 못하게 되는 노화 현상 이전에 의자에 앉았을 때 무릎을 가지런히 붙이지 못하는 징조가 나타난다. 뚱뚱해서 자연히 무릎이 벌어지는 사람은 어쩔 도리가 없다고 치지만, 이것도 실은 20대부터 나타나는 노화 현상의 하나이다.

일생 동안 몸가짐과 차림새를 단정히 할 것

나이를 믿기 어려울 만큼 젊어 보이는 할머니가 있었다. 화사한 기모노를 입어도 잘 어울리며, 나 같은 사람이 생각하기엔 늙지 않는 약을 몰래 먹고 있는 것은 아닐까 할 정도였다.

그분은 쌀알 같은 것은 거의 입에 대지 않는다고 한다. 밥을 먹지 않으면 살이 찌지 않고 그렇게 날씬한 몸매를 유지할 수 있을까 생각도 해보았지만, 설사 그렇다 해도 나는 밥을 좋아하므로 그런 미용 비결도 지킬 수 있을 것 같지 않았다.

그런데 그분과 우연히 온천에 다녀온 적이 있는 내 친구가 나에게 한 가지 사실을 가르쳐주었다. 그것은 그 아름다운 노인이 매일 한 시간 정도 공들여 화장을 한다는 것이었다.

'아, 그랬었구나!'

나는 납득이 갔다. 결국 하나의 결과를 얻기 위해서는 그만큼의 노력이 필요한 것이다. 처녀 때부터 일찍이 화장대란 것을 가진 적이 없었던 나는(즉 앉아서 화장한 적이 없는 나에게는) 도저히 흉내도 내지 못할 일이리라.

나이 들어서도 화장 안한 맨얼굴이 아름다운 사람도 있다. 그것이 최고로 이상적인 것이라 하겠다. 그러나 나이 들어서 화장하는 것이 볼썽사납다고 말하지는 않겠다. 어울리지 않는 화장은 나이에 관계없이 보기 싫지만, 그래도 나이 들어 무신경하게 가꾸지 않는 쪽이 훨씬 더 보기 싫은 경우가 많다.

언젠가 나는 어느 지방의 일류 호텔에서 야만인 같은 단체를 만난 적이 있다. 기모노 전시회를 보러 온 여자 노인들도 많이 있었는데, 그녀들은 기모노 가게에서 준 식권으로 호텔 식당에서 점심을 먹고 있었다.

그녀들 중 일부는 어찌된 연유인지 호텔 식당을 맨발로 걸어 들어왔다. 나 자신도 여름철에는 맨발로 집안을 돌아다니는 버릇이 있으므로 다른 사람의 일을 참견할 입장은 못 되지만 양장 차림으로 호텔 식당에 맨발로 들어오는 십여 명의 여자들을 보고 있노라니 도쿠가와 시대에 일본에 온 이방인의 놀라움을 이해할 수 있을 것 같았다.

그런 감각으로 기모노를 사 입고 뽐낼 참인지. 노인이 되면 옷차림 따위는 아무래도 상관없는 것 같고, 복장을 아무렇게나 입기 시작하면 마음이 해이해져도 아무도 탓하지 않을 것 같은 느낌이 들어버리는가보다. 비교적 젊었을 때부터 여자는 양말을 단정히 신고, 내의도 잘 갖춰 입고 외출할 때는 액세서리 등을 잘 챙기는 것을 당연히 여기는 습관을 갖고 있어야 한다. 기모노를 입고 있는 사람이라면 옷깃을 단정히 하고, 옷자락이 흐트러지지 않도록 하여 띠를 낮게 매고, 새하얀 버선을 신고, 등을 쭉 펴고 있어야 한다.

단정치 못한 복장을 하면, 편할 것 같지만 반드시 그런 것만은 아니다. 군이 흐트러뜨리지 않아도 자연히 옷 매무새는 흐트러지게 마련이다. 체력이 떨어지고 건강이 악화되면 누가 뭐라 하지 않아도 흐트러진다. 그러니 그 이전까지만이라도 할 수 있는 한 자신을 엄격히 통제하는 것도 좋으리라.

자신의 용모가 허술해지는 것을 걱정하는 만큼,
남들은 그다지 신경쓰지 않는다

젊었을 때 미인이었다고 하는 사람 중에 갱년기를 지나 미모의 쇠락을 느끼게 되면 갑자기 낙심해버리는 사람이 많다. 40세를 넘기면 자신의 얼굴에 책임을 져야 한다는 말을 종종 듣게 되지만 나는 그러한 의견에는 반대이다.

인간은 자신의 얼굴에 대해서 거의 책임을 지지 않아도 된다. 물론 증오나 질투의 감정은 인간을 모질고 험악하게 하므로 그런 감정이 없어져야 비로소 온화한 표정을 갖게 된다. 그러나 때로는 험악해질 수밖에 없는 때도 있고, 삭막하고 메마른 표정을 짓게 되는 상태에도 처하게 된다. 인간의 얼굴은 미인이어도 아름답지만, 못생겼더라도 아름다운 것이다.

무엇보다도 확실한 것은 인간은 다른 사람의 얼굴에 대해 그 당사자만큼 신경 쓰지 않는다는 것이다. 또 객관적으로 볼 때 여배우 같은 사람은 별개이지만, 인간은 본인이 생각하는 것만큼 젊었을 때 그다지 아름다웠던 것도 아니며 현재가 추악한 것도 아니다. 정말로 보기 흉하다고 생각되는 사람은 성형 수술을 받아도 좋겠지만, 그것은 그 사람을 근본적으로 변화시키지는 못한다.

신변 소품은 늘 새로운 것으로 교체할 것

소위 말하는 지저분하다든가, 꾀죄죄하다는 표현은 노인 자신의 심신의 상태와는 별도로, 신변의 변화가 적어지면서 정체된 느낌을 줄 때 자주 쓴다.

노인이 되면 옷도 줄어들지 않는다. 때도 덜 타게 되므로 그다지 세탁을 자주 하지 않아도 된다. 또한 사회 생활에서부터 집안으로 들어앉게 되어 받는 물건도 적어지고, 손님을 위해서 집안을 깨끗이 정리 정돈할 필요도 적어지게 된다. 그렇게 되면 주위의 물건들은 전부가 고색창연한 물건들로 가득 차게 된다.

앞으로 반세기를 더 살 수 있는 것도 아니며, 지금 있는 것만으로도 충분하다는 생각도 이해가 가며, 언제까지 살게 될지도 모르는 것이므로 돈은 가급적 쓰지 않겠다는 논리도 이해가 가지만, 작은 물건들을 조금씩 새로 장만하는 것을 스스로 의무화할 필요가 있다.

예쁜 타올을 주변에 두고 싶어하는 할머니는 어딘지 생활이 화사하다. 칫솔, 방석 커버, 베갯잇, 실내화, 재떨이, 빗 같은 물건은 별로 비싸지도 않다. 약간 비싸더라도 새것을 장만하면 같은 방이라도 기분이 새로워지는 것을 느낄 수가 있다.

자주 버릴 것

우리 몸의 세포도 그러하듯이 낡은 것은 새로운 것으로 바뀌어야 마땅하다. 특히 인간이 미적으로 정연하고 활동적이기 위해서 가장 기본적인 것이 단순한 생활이다. 그러나 그것은 말처럼 쉽지 않다. 대단히 어려운 일이다.

깔끔하지 못한 사람의 방은 결코 아무것도 없다는 느낌이 들지 않는다. 온갖 불필요한 물건이 생활의 공간을 점령하고 있어, 좀더 적극적으로 사용할 수 있는 장소를 차지하고 있는 것이다.

인간은 버리는 것에 '용기'를 필요로 한다. 일년이 지나도록 한 번도 사용하지 않은 물건은 필요없는 것으로 생각해 처분해야 한다는 사실을 나는 배웠다. 그러나 버리는 그 행위 자체가 귀찮아서 있는 물건을 그대로 두기 쉽다.

좁은 아파트에 젊은 세대와 같이 살면서, 자신 소유의 사용치 않는 모든 물건을 벽장 속에 꽉꽉 채워놓아서 골칫거리로 취급당하는 노인들이 상당히 많다. 한 번 모조리 버려버리면 어떨까?

물건을 버리면 집안에 새로운 공기가 많아지게 된다. 그것이 인간을 젊게 변화시킨다. 특히 전시에 청·장년 시대를 보낸 사람들은 아깝다거나 언젠가 필요할 때가 있을 거라고 생각해 포장지, 병, 상자 등을 쌓아둔다. 또한 버리는 작업이 쌓아두는 것보다 힘들어서 자연히 그렇게 되겠지만 집안에 몇 년 동안 쌓아둔 낡은 물건을 처분하는 데 막대한 돈이 들었다는 얘기도 종종 듣는다.

일반적으로 물건은 한 개 사면 한 개 버리는 것이 마땅하다. 하나를 새로 챙기면 헌 물건 하나는 버려야 한다. 좁은 면적에 살아가는 서민 생활에서는 그것이 도리인 것이다.

이 세상을 떠날 때까지 물건을 줄여나갈 것

이것도 상당히 어려운 일이지만, 돌아가신 어머니의 기모노가 수십 벌 남아 있어 애를 먹는 자식도 많이 있다. 옛날 사람들과는 달리 요즈음은 외출할 때 비용이 많이 드는 기모노를 별로 입지 않기 때문이다.

일기나 사진 등 자식이 꼭 남겨달라고 부탁하지 않는 한, 노인이라는 소리를 들을 즈음부터는 조금씩 처분해가면서 죽음을 준비하는 것이 좋다. 그러나 막상 이런 일은 나에게도 대단히 어렵다.

옷은 더 이상 사지 않으려 하고, 그릇 등도 손님용으로 장만해놓은 좋은 것들을 아끼지 않고 척척 쓰면서 즐겁게 식사를 하며 더 이상은 사지 않으려 마음먹고 있으나, 여행 가서 멋있는 물건을 보게 되면 또 금새 사고 싶어진다.

이런 부질 없는 욕심은 미련 없이 단념해야 한다는 것쯤은 잘 알고 있지만, 지나치게 금욕적이 되면 살아가는 의욕이 꺾이게 되는 경우도 있다. 다만 전체적으로 줄여가는 방향으로 가야 한다는 것만은 마음속 깊이 명심해두는 것이 좋다.

이것은 순전히 내 개인적인 목표이지만, 내가 나의 사진을 남긴다고 하면 한 오십 장 정도만을 남기고 싶다. 이미 상당히 많은 양을 태워버렸다. 나에게는 숙부, 숙모가 정다운 사람들이지만, 그들의 결혼 사진도 태워버렸다. 나의 아이들의 시대가 되면, 생전 만나지도 못한 사람들의 일에 거의 흥미를 갖지 못한다고 해도 어쩔 도리가 없다고 나는 생각한다.

그 점에서 나의 어머니는 훌륭하게 처리를 하시고 세상을 떠나셨다. 이미 몸이 부자유스럽게 되어 외출도 불가능하게 된 것을 당신이 느끼신 것인지, 어머니는 돌아가시기 수년 전에 옷에서부터 새 신발, 손가방, 반지까지 전부 원하는 사람에게 주어버렸다. 신발은 두 켤레만 병원에 갈 때를 위해 남겨두었다. 옷은 당신이 만드신 모직으로 된 편안한 외출복 몇 벌 정도였다. 정장은 두 벌밖에 남아 있지 않았다.

그 두 벌은 내가 어머니를 위해 오키나와에서 사온 명주 옷으로 "이것은 나중에 내가 입을 것이니까, 남에게 주면 안 돼요"라며 어머니에게 드린 것이었다. 어머니는 그 약속을 잘도 기억하셔서 나중에 키가 큰 나도 충분히 입을 수 있도록 길이를 길게 재단하셔서 일단은 당신의 옷으로 생각하셨으나, 결국 그 옷을 입으신 적은 없으셨다.

어머니는 다다미 여섯 장 정도 넓이, 부엌과 목욕탕, 화장실이 딸린 방에 계셨으나, 유품을 처분하는 데는 반 나절밖에는 걸리지 않았다. 사용치 않았던 종이 기저귀, 휠체어 등도 전부 기증했다. 그리고 나니 단지 상큼한 햇살만이 텅 빈 방안에 남아 있을 뿐이었다.

이상하게 들릴지 모르지만, 어머니가 돌아가셨을 때는 얼마 되지 않왔던 어머니의 비자금도 거의 바닥이 난 상태였다. 어머니가 가진 돈이 다 떨어지더라도 내가 어머니의 생활을 보살피고 용돈을 드릴 수 있는 정도는 된다고 생각하고 있었지만 어머니는 그 직전에 돌아가셨다. 여든 셋의 일이었다.

재산조차도 아무 생각 없이 남기게 되면, 후에 남아 있는 유족들은 번거롭고 힘이 든다. 아무것도 남기지 않는 것이 최대의 자식 사랑이라고 나는 생각한다.

무엇이든 탐내지 않는다

"공짜라면 여름에도 속내의"라는 말은 나도 대단히 좋아하며 어떤 사람이 무엇인가 주겠다고 할 때면 반드시 이 말을 중얼거린다.

그러나 실은 사회가 주는 것이라면 (제도적인 것이든) 무엇이든지 받고 보자는 것은 아무리 고령자라 할지라도 거지 근성이 나타나는 증거이다.

나이에 관계없이 지불할 능력이 있는 사람은 그 시대의 정부가 아무리 타락해 있다 하더라도 스스로의 존엄을 위해서 자신에게 소요되는 비용은 지불해야 마땅하며 부여받은 특권도 포기해야 당연하다.

이는 단순히 살아가는 방법의 미학으로 끝나는 것이 아니다. 자신의 일은 스스로 해결하는 것이 행복이라 느끼는 사람은 몇 살이 되더라도 젊고, 또한 그런 생각이 앞으로도 그 사람의 젊음을 계속 유지하게 한다.

실제로 노인들 사이에 늘 문제가 되는 것은 자신이 갖고 있는 돈을 어떤 템포로 사용해가는 것이 좋을까 하는 것이다. 빨리 죽을 거라 생각했으나, 너무 오래 살아 돈 한 푼 없이 여생을 보내야 한다면 비참한 일이라는 구실하에 아주 인색하게 검약하며 생활하다 결국은 자신이 비축한 돈의 혜택을 전혀 받지 못하고 죽어가는 노인이 얼마나 많은가? 그것은

어리석은 일이라고 나는 지금 노년인 나 자신에게 분명하게 선언해두고
싶다.

90세까지 산다는 계획하에 그 동안 다 써버릴 요량으로 계산해서 그
후의 일은 내가 알 바 아니다. 그만큼 산다면 그 다음은 길거리에 내팽
개쳐져도 그만이다.

무언가 말을 남기고 떠나야지 하는 생각을 버린다

종종 일기를 남긴다든지, 유서에 구구하게 감정적인 것들을 써놓는 사람이 있다. 경제적인 배려에 관해서는 사무적으로 처리하는 것도 좋으나 그 이외의 것은 아무 말도 하지 않은 채로 죽는 편이 아름답다고 생각된다.

내가 아는 사람 중에 아마도 갖은 원망을 길게 늘어놓은 일기를 남긴 사람이 있었다. 그의 가족은 그 사람이 죽었을 때, 그 일기를 관에 넣어주었다고 해야 할지, 읽어보지 않은 채 태워버렸다고 써야 할지 나는 잘 모르겠다.

자신은 이토록 방치되었다고 써놓았다 하더라도 그것을 사후에 남은 가족이 읽었을 때, 노인이 과연 즐거울 수 있을 것인가. 더욱이 방치한 가족이 그것으로 '회개' 한다든지 하는 일은 거의 없다고 생각한다.

노인을 방치하고도 태연했었던 가족은 자신들이 조금이라도 불쾌하게 될 일이라면 노인에 대해 결코 눈길을 주지 않는 습성이 있다. 당연히 회개하려고도 하지 않을 사람들이다. 그러므로 아무 말도 하지 않는 편이 좋다. 즉 어리석은 사람과는 상종하지 않고 사는 편이 좋다는 뜻에서 아무 말도 하지 않고 아무 말도 써서 남기지 않는 것이 좋다.

생각하기에 따라서는 일기를 읽지 않고 태워버린 가족이 현명했다고 할까, 예를 지킨 결과가 되었다고 할까. 만일 거기에 갖은 원망이 씌어 있는 것을 읽는다면 유족은 사후 더욱더 죽은 노인을(이유 여하를 막론하고) 혐오하게 될 것이다. 그러한 증오에 접하지 않은 만큼 가족들은 시간이 흐르면서 죽은 사람을 평온한 마음으로 생각하게 된다. 그러므로 정말로 아무것도 쓰지 않는 편이 좋다.

이러한 경우 만일 신앙이 있으면 그것은 커다란 마음의 의지가 된다. 자신이 얼마나 정당했는가 혹은 얼마나 무책임한 사람이었는가는 신이 정확히 판단해준다. 그 평가만이 절대적인 것이므로 자식의 감각이나 세평 때문에 연기할 필요도 없으며, 다른 사람들에게 '그것은 당신의 오해입니다' 라고 말할 필요도 없다.

신앙이 없는 사람은 사람들을 납득시키고 세평을 얻어내야 한다. 그만큼 괴로울 것이라는 생각이 들 때가 있다.

화초 가꾸는 일만 하면 빨리 늙는다

노인이 화초를 가꾸는 일은 확실히 바람직한 일이다. 그러나 초목은 묵묵히 자라든가, 묵묵히 시들어가므로 본질적으로는 그다지 호된 정신적인 활동을 필요로 하지 않는다.

거기에 비하면 인간의 마음을 파악하는 것은 참으로 어려운 일이다. 인간은 결코 단순하지 않다. 거짓말을 하기도 하며, 모순되는 여러 가지 요소를 동시에 마음에 품고 있다. 그런 심리는 바깥 세상의 영향을 받고 변화한다. 딱 어떻다라고 한 가지로 설명할 수 없다.

화초를 벗삼는 생활이 항상 평평한 대지 위를 걸어가는 것과 같다면, 인간의 마음을 상대하는 일은 흔들리는 통나무 위를 건너는 것과 같다. 흔들리는 통나무는 기민한 심리적 반응, 튼튼한 허리와 다리, 유연한 관절이 없으면 건널 수 없다.

화초를 상대하는 것이 나쁜 것은 아니지만, 그것은 하나의 안이한 생활 방식이라는 것을 자각하지 않으면 안 된다. 살아간다는 것은 사람들 한가운데에서 더불어 고민하면서 살아가는 것이다.

은퇴한 지금은 회사에서도, 조합에서도, 관공서에서도, 그 어느 곳에서도 영향력을 갖고 있지는 않다. 그러므로 '이제 새삼 철학책을 읽고,

세계 정세를 알고, 겐지모노가타리(源氏物語)나 셰익스피어 소설을 읽은들 무슨 소용이 있을까' 라고 말하는 사람이 있으나 나는 절대로 그렇게 생각하지 않는다.

그것은 자신이 즐기기 위한 것이다. 술을 마시면서 일일이 회사나 조합이나 관공서의 일을 생각하지 않는 것과 마찬가지이다.

나는 지금도 죽기 전까지는 셰익스피어 전집을 모두 읽으려고 한다. 몇 살에 끝낼 수 있을지 모르겠지만 죽기 전까지 하면 되니 대단히 즐거운 일이다.

지난날 젊은 시절 좌절을 몰랐던 나이에는 셰익스피어 작품 중에 무심코 읽었던 말의 여기저기에 함축된 의미 따위들을 모르는 것이 당연하다. 그러나 차츰 이런 재미를 알게 되는 것이 노년의 특권이다.

그러고 보니 모든 문학을 이해하는 능력이란 청년의 것이 아닌, 노년의 것인지도 모르겠다. 특별히 젊은이 취향의 작품 중에는 젊은이들만이 흥미를 느낄 수 있는 것이 있겠지만, 그 이외의 문학은 모든 연령기를 경험해온 노년의 것이다.

수명이란 말은 그리이스어로 '헤리키아' 라고 한다. 그리스어의 대부분이 숨을 죽일 만큼의 깊은 의미를 나타내고 있지만, 이 헤리키아란 말 또한 그 한 가지라 해도 좋을 것이다.

'헤리키아' 란 '수명, 그 직업에 적합한 연령, 신장' 이라는 세 가지 의미를 갖는다. 신약 성서의 마태 복음 6장 27절에 "너희들 중에 누가 번

민했다고 하여 수명을 조금이라도 연장할 수 있겠는가"라는 유명한 구절이 있으나, 이 부분을 "신장을 한 자라도 늘릴 수 있겠는가"라고도 해석할 수 있다는 주석이 붙는 것은 그리이스어의 특성 때문이다.

'헤리키아'라는 말이 갖는 세 가지 요소를 사람의 힘으로 결정적으로 바꾸어놓기란 거의 불가능하다. 수명은 물론이다. 10대나 20대는 아직 영원히 죽지 않을 것 같은 기분이 드는 나이지만, 그래도 가끔 소년이나 청년도 갑작스럽게 때이른 죽음을 맞이할 수가 있다.

그 직업에 적합한 연령이란 개념도 가늠하기 어렵다. 야구 선수도 오페라 가수도 최전성기의 전후에 대체로 활동할 수 있는 연령이 있다. 노력이나 소질로 몇 년은 연장할 수 있으나, 50세의 프로 야구 선수도, 60세의 세계적인 콜로라투라(coloratura) 소프라노 가수도 없다.

또한 사람은 자신의 신장이 약간만 더 컸더라면 인기가 있었을 텐데라든지, 약간만 몸집이 작았더라면 귀엽게 보였을 텐데 하며 속상해한다. 그러나 자신의 신장을 1센티미터 늘이는 것도, 줄이는 것도 불가능한 일이다.

그 직업에 적합한 연령을 생각해보면 노년에 유리한 것도 있다. 독서나 철학을 하는 것의 헤리키아는 노년이다. 사람의 마음을 사로잡는 일도 역시 그렇다.

그러면 어학은 어떨까? 어학을 터득하는 능력은 만 9세부터 13세까지가 학습하기에 가장 적합하다는 연구 결과가 있다. 그러므로 예를 들

170

어 90세가 되어 러시아어 공부를 시작한다는 것은 별로 능률이 오르지는 않을 것이다.

그러나 '그것이 즐겁다면' 몇 살이 되어서 무슨 공부를 시작해도 좋은 것이다. 단지 노파심에서 하는 말이지만, 공부를 시작한다든가 하면 아직 계속할지 어떨지를 모르는 상태에서 바로 주변에 '나는 이런 공부를 시작했다'고 선전을 하고 다니는 노인이 있는데, 나로서는 유치하다고밖에는 생각할 수가 없다. 공부라는 것은 조용히 시작해서, 조용히 지속하게 되면 언젠가 물이 흘러 넘치듯 그 성과가 나오게 되는 법이다. 유치란 무엇보다도 노인에게 가장 어울리지 않는 것이다. 유치스러워지는 것 역시 노화의 조짐이다.

뭔가 이루지 못한 과거가 있더라도
유감이었다라는 말 등은 하지 않는 것이 좋다

어떤 정치가가 죽었을 때 총리가 되지 못한 것을 내심 서운해했다는 소문이 나돌았다. 사장, 예술가, 등산가, 운동 선수, 누구든 마찬가지이다. 무엇인가 이루지 못한 과거가 있었더라도 '유감이었다' 라는 말 등은 하지 않는 것이 좋다. 왜냐하면 주위에서 '그 사람은 도저히 그런 인물은 못 되었다' 고 생각할지도 모르기 때문이다.

아프리카를 제법 잘 알게 되면서부터 나는 인간이 평생 지닐 수 있는 것에 대해 대단히 겸허한 마음을 갖게 되었다. 일생 동안 어찌됐든 비와 이슬을 막아주는 집에 살 수 있었고, 매일 먹을 것이 있는 생활이 가능했다면 그 사람의 인생은 기본적으로 '성공' 이다.

만일 그 집이 깨끗하며, 목욕탕과 화장실이 있으며, 건강을 해칠 정도의 더위와 추위에서 보호되며, 매일 뽀송뽀송한 이불에서 잘 수 있고, 누추하지 않은 옷을 입을 수 있고, 영양이 골고루 섞인 맛있는 식사를 하며, 전쟁에 휘말리지 않고, 병이 들었을 때는 진료를 받을 수 있는 생활을 할 수 있었다면 그 사람의 인생은 지구 수준에서 보면 '대단한 행운' 이었다.

만일 그 사람이 자신이 좋아하는 공부를 하며, 사회의 일원으로 활동하며, 사랑도 알게 되며, 인생의 한 부분을 선택할 수 있었고, 자유스럽게 여행을 하며, 자신이 좋아하는 독서를 하며, 취미 생활을 할 수 있게 되고, 가족이나 친구들로부터 신뢰와 존경과 사랑을 받았다면 그것만으로도 그 사람의 인생은 그야말로 '대성공'인 것이다.

이런 계산이 불가능한 노인은 그 나이 되도록 도대체 무엇을 했느냐고 비난받아도 어쩔 수 없을 것이다.

친구가 먼저 죽더라도 태연할 것

사람 나름이지만 친구의 죽음에 대해서 의외로 충격을 받지 않는 것처럼 보이는 노인도 많다. 젊은 사람 쪽에서 보면 친구가 죽는다는 것은 마음을 받아줄 친구가 없어지는 것으로 참으로 고통스러울 것이라 생각되지만, 노화는 그런 쓸쓸함마저도 별로 느끼지 못하게 해주는지도 모른다.

친구가 먼저 세상을 뜨는 일은(남편이 먼저 떠나가는 것도 마찬가지) 늘 사전에 마음속으로 예상하는 것이 중요하다. 그렇게 하면 막상 닥친 운명에 대해 마음의 각오가 서게 된다. '드디어 헤어지게 되는구나' 하고 한탄하기보다 '몇 십 년 동안 즐겁게 지내주어서 고마웠어' 라고 감사하면 되는 것이다.

자신이 체력, 기력이 있는 노인이더라도 뽐내지 않을 것

저마다 타고난 인간의 능력만큼 차이가 나는 것도 없다. 다부진 체력이나 기력을 갖고 있는 사람은 스스로 단련하여 가꾼 것이겠지만, 근원으로 캐자면 단련에 견딜 수 있는 성격이나 체질을 타고난 것이다. 전적으로 자신의 노력으로만 그렇게 된 것이 아니기 때문에 그다지 잘난 체할 일도 아닌 것 같다.

부부 사이에 한쪽이 건강하고 다른 쪽이 약한 경우는 서로 사랑하고 위로해줄 수 있는 사이라면 좋겠지만, 약한 쪽 상대에 대해 동정이 결여된 경우가 있다. '빨리 걸으라'든가, '이 정도 물건도 들 수 없느냐'고 한다든지, '집사람이 늘 병치레만 해서 나는 아무것도 할 수가 없다'는 등 영 듣기 거북한 말을 하는 남편을 만난 적이 있다.

"당신이 좀더 용기를 내지 않으니 몸이 안 좋은 거예요"라든지 "저 사람 게으르기 때문에 여행도 갈 수 없는 거야"라는 투의 동년배에 대한 비난도 삼가야 한다. 물론 심약하고 고통을 견뎌내는 힘이 없어 나이에 걸맞지 않게 약한 노인도 많지만 그것을 도덕적 결함으로 단정지을 권리는 아무에게도 없기 때문이다.

직접 비난하지는 않더라도 일방적으로 자신의 체력과 기력을 표준으로 삼아 자신도 이 정도의 일을 해낼 수 있으니, 상대도 가능하리라 믿어 의심치 않는 사람도 있다. 특히 고령이 되면 의기양양한 사람은 더욱더 의기양양해지고 기분이 처진 사람은 더욱더 의기소침해지게 마련이다. 그 격차는 심한 것이므로 늘 자신의 체력이나 기력을 기준으로 해서 타인의 생활 방식을 단정짓는 일은 피해야 한다.

노인들끼리 함께 행동할 때는 매우 조심스럽게

최근에는 건강한 노인들이 그룹으로 수십 명까지 몇몇이서 모여 여행하는 것을 자주 목격한다. 그들 중에는 눈에 거슬리는 행동을 하는 사람도 있다.

전철에서 내리는 사람을 기다리지 않고 입구로 덮어놓고 달려들며 자신들은 고령이니까 좌석을 양보받는 것이 당연하다는 듯한 얼굴을 하고, 귀가 잘 안 들리는지 거리낌없이 큰소리로 떠들어댄다.

6, 70년을 살아왔음에도 여행을 할 때 자신의 취향이나 건강 상태(추위, 더위를 타는 것은 각자 다르므로)에 따라 자신에 맞는 의복을 골라 입을 줄 모르고, 제복처럼 다른 사람들과 같은 것을 입는 노인이 있다.

'무엇을 하면서 그만한 세월을 살아왔을까' 하고 생각하게 된다. 전철 안에서 떠들어대는 것은 초등학생들이라도 묵인될 수 없다. 마찬가지로 고령자들에게도 결코 용납될 수 없는 일이다. 공해가 아닌 노해(老害)라는 말을 젊은이들이 새로 만들어내지 않도록 주의해야 한다.

지나간 이야기는 정도껏 한다

'정도껏'이란 말 자체가 대단히 어려운 것이지만, 일체 옛날 애기를 하지 않는 노인도 노인답지는 않다. 나는 옛날부터 노인의 이야기를 듣는 것이 그렇게 싫지는 않았다.

같은 말을 반복할 것 같은 위험이 있을 때에는 "요전 번 자네를 만난 것이 언제였지?"라고 물어 지난 번 만난 때부터 지금까지 있었던 일만을 이야기하는 것도 요령이다. 하기야 지난 번부터 오늘까지 사이에 어떤 일이 있었는지 잊어버리는 일도 대단히 많기 때문에 그렇게 조절하는 것도 실로 어려운 일이다.

이런 것이 걱정이 되는 경우에는 대화를 주로 젊은이에게 하게 하는 것도 좋겠다. 젊은이들은 가끔 노인들을 겁주기도 하고, 속이기도 하며, 무시하기도 하지만 악의가 아니므로 속아주기도 하고 무시당해주면 그만인 것이다.

여자의 경우 '옛날에는 미인이었다', 남자의 경우 '옛날에 꽤 여자들에게 인기가 있었다'라는 말은 많은 사람을 웃기려고 작정한 경우를 제외하고는 하지 않는 편이 무난하다.

참으로 똑똑하다고 생각되는 사람도 옛날에는 미인이었다고 말하길 좋아해서 놀란 적이 있다. 그러나 현재 그곳에 있는 것은 축 늘어진 피부의 노인일 뿐이다.

　그러나 잘만 하면 젊지 않은 것으로 상대를 편안하게 하고 유머러스한 기분을 자아낼 수 있다.

허둥대거나 서두르지 않고 뛰지 않는다

이제는 발 빠르게 무엇인가를 할 때는 아니다. 서두르는 일은 노년에 아무런 좋은 결과도 가져오지 않는다. 남아 있는 시간은 적지만 저마다의 인생길은 다 있으므로 천천히 게으름피우지 않고 계속해서 나아가면 족한 것이다.

노인의 갖가지 심신의 사고는 서두르는 데서 일어난다. 잠이 오지 않을 때조차도 서둘러 잠을 청할 필요는 없다. 빨리 자려고 수면제를 먹으면, 다리에 운동 신경 마비 증세가 나타난다. 다리가 꼬이게 되면 넘어져서 골절상을 입게 된다.

이만큼 살아왔는데 여기서 무얼 서두를 게 있으랴. 노인이 약속 시간에 다소 늦는다고 투덜대는 사람은 거의 없을 것이다.

전철이 이미 와 있다고 해도 뛰어갈 필요는 없다. 전철은 다음 것을 타면 그만이다. 전철 한 대를 기다리는 동안에 세상을, 젊은 아가씨를, 재미나는 광경을, 그 밖의 여러 가지를 볼 수가 있다. 서두르는 것보다 기다리는 편이 훨씬 좋은 것이다.

젊었을 때야 말로 서둘렀어야 했다. 앞날이 있다고 해서 늑장을 부리면 어디로 가야 할지 방향조차 결정하지 못하는 것이 청춘이다.

그러나 노년은 다르다. 노년은 한 걸음 한 걸음 걸어 나아가면서 인생을 음미할 수 있는 나이이다. 그런 의미에서는 누구나가 예술가이다. 노인이 되어 시를 쓰기 시작하는 사람이 많은 것은 그런 연유 때문이다. 서두를 필요는 없다. 무엇이든 느긋하게 하고 느릴수록 좋다.

그러나 그 이전 40대부터 60대까지 인간은 서두르지 않으면 안 된다. 그 동안에 이루어야 할 일을 해놓지 않으면 더 이상 몸이 따라주지 않는다. 40이 되어 무엇인가 몰두할 일을 갖지 못한 사람은 인생의 반은 실패하고 있는 것이다.

그러나 곧 결심하여 무엇인가 시작한다면 아직 시간은 충분하다. 느긋한 노년에 들어서기 전에는 충실하고 활기찬 장년 시대가 필수인 것이다.

외출해서는 항상 긴장을 한다

노화의 한 가지 징후는 외부 세계와의 단절이다. 즉 외부 세계를 받아들이지 못하거나, 혹은 자신의 일만으로도 힘에 부쳐 다른 사람의 일을 전혀 생각할 수 없는 경우거나 어느 한쪽이다.

그러나 문을 걸어 잠그고 방에 혼자 있는 것이 아닌 한, 우리들은 외부와 늘 접촉하며 살아가고 있다. 외부 세계와 관계를 갖는다는 것은 서로가 주목받고 있는 존재라는 것이다. 그러므로 바깥 세상에 나아가는 데는 노력과 긴장이 필요하다.

외출하게 되면 물건을 사는 데에도, 차를 타는 데에도, 새로운 제도로 바뀌어 있다는 것을 알게 된다. '나는 아무것도 모르니까, 잘 부탁합니다' 하면서 남에게 모두 맡겨서는 안 된다.

동물원에는 두 가지 형태가 있다. 남아프리카 공화국의 동물 보호 구역처럼 동서남북으로 수십 킬로미터에서 수백 킬로미터가 되는 넓은 곳도 있지만, 사파리 파크처럼 사람이 짐승의 우리처럼 생긴 차를 타고 동물들 사이를 돌아보는 형태도 있다.

어느 쪽이든 그것이 추구하는 일관된 목적은 가능한 한 동물을 자연에 가까운 환경에 두는 것이다. 진정한 동물 보호 구역이라면 먹이도 주지 않아야 한다. 동물들이 스스로 먹이가 되는 작은 동물들을 적당히 잡아먹든지, 좋아하는 식물을 찾아다니며 연명해나간다. 자연의 생태계에 사람이 되도록 관여하지 않는 것이다.

그런데 사파리 파크나 조그마한 자연 동물원은 어쩔 수 없이 사람이 먹이를 줄 수밖에 없다. 그것이 동물에게는 편하고 좋은 것 같지만, 가장 기본적인 차원에서 부자연스러움을 주는 결과를 가져온다.

인간에게도 동물에게도 살아간다는 것은 물과 먹이만으로 되는 것은 아니다. 위험이나 불안도 때로는 필요한 긴장감을 불러일으키고, 그것이 인간을 포함한 모든 동물의 생리에 바람직한 효과를 만들어내기 때문이다.

역대의 총리나 정부가 '안심하고 살 수 있는 사회를 건설하자' 라는 등의 허튼 소리에 가까운 무책임한 말을 하며, 또한 나이 지긋한 어른이나 노인들이 그것을 환영한다는 도식이 되풀이되고 있지만, 안심할 수 있는 사회라는 것이 이 세상에 출현하는 일은 결코 없다는 것쯤은 잘 새겨두는 게 좋다. 설사 그러한 사회가 현실적으로 가능했다 하더라도 그것은 노인을 죽이기 위한 음모라고 생각하는 편이 차라리 정답이다. 전혀 긴장이 없는 곳에는 건전한 생활이라는 것도 있을 수가 없으니까 말이다.

손자가 어렸을 때 사자 사파리 공원엘 함께 간 적이 있는데, 우리를 태운 자동차 운전 기사가 길에 누워 뒹구는 사자를 향해 일부러 자동차를 돌진시키는 것을 보고 의아해하였었다.

　나중에 들은 이야기지만 사육되는 사자에게는 먹이가 없는 불안도, 다른 무리와의 마찰도 없다. 따라서 그 방면으로는 긴장과 스트레스가 극도로 감소된 상태라는 것이다. 긴장의 감소는 불건강으로 이어진다. 그러므로 가끔 그런 식으로라도 일부러 인위적인 위험을 준다는 것이었다. 사람도 마찬가지일 것이다.

잘 걸을 수 있도록 다리를 늘 튼튼히 할 것

걷는다는 것은 그저 단순히 한 지점에서 다른 한 지점까지 이동할 수 있는 능력 이상의 중대한 의미를 갖고 있다. 걷는다는 것은 첫째로 건강에 좋은 것이고, 걸을 수 있다는 것은 무엇보다도 보통 사람과 같은 상태라는 최소한의 보증인 것이다.

걷는 것으로서 인간은 자신이 들어갈 수 있는 세계를 확대하는 일이 가능해진다. 새로운 것을 볼 수 있고, 귀한 체험을 할 수 있으며 모르는 사람과 친해질 수도 있다. 이런 일들이 계속되는 한 인간은 고립되지 않는다.

어느날 갑자기 뜻하지 않은 일이 생겼을 때 내 몸 하나로 어디까지든 시간을 들여 걸어가면 된다고 생각할 수 있는 사람은 이 세상에서 공포감을 갖는 일이 적다. 공포감을 느끼지 않고 살아간다는 것은 심리적으로 방어 일변도의 에고이즘에 빠지지 않고도 살아갈 수 있다는 것을 의미한다. 이것이 중요한 점이다.

젊었을 때부터 택시만 타고 싶어하는 사람이 있으나 노후를 생각한다면 그것은 자기 건강을 생각치 않는 것이다. 또한 이미 노년에 접어든 사람은 지금부터라도 다리를 튼튼히 해야 한다. 사실 하려고만 마음먹는다면 운동이 상당히 부자유스러운 사람이더라도 가능한 일이다. 이와는 반대로 차 타기를 싫어하며 차에 타면 멀미하기 쉬운 사람은 젊었을 때부터 하나의 단련으로 생각해 차멀미를 고쳐놓아야 한다. 약도 있고 마른 오징어를 씹으면 좋다는 식의 치료 방법도 있을 것이다.

나이 들어 몸이 부자유스러워져도 자동차를 타고 다니면 낯선 마을을 여행할 기회가 많아질 수도 있다. 몸과 마음을 움직일 수 있는 가능한 한 모든 훈련을 해두고 싶다.

내가 좋아하는 희랍어의 해석을 한 번 더 빌리자면, '걷다'라는 말은 '페리파테오'라고 하는데 이는 '걸어 돌아다니다'라는 뜻이기도 하고, '그 사람답게 처신하다'라는 의미이기도 하며, 또 무엇보다 '생활하는 것'을 가리킨다. 다시 말해서 걷지 못하는 사람은 그 사람답게 처신하지도 생활할 수도 없다고 희랍 사람들은 생각했던 것이다.

그러나 이것도 원칙이다. 인간에게는 바란다고 해서 늘 그렇게 되지 않는 부분이 있다. 그러므로 걷지 못하는 사람에게는 자상한 마음을 갖고 자신이 걸어서 보고 온 세계를 함께 나누어 갖도록 해야 한다.

나는 의사가 아니라서 의학적으로 설명할 수는 없지만 등뼈를 쭉 펴는 것은 뼈의 변형을 방지하고 내장의 운동을 정상적으로 하는 데 있어 중요한 일이라고 생각된다. 40세가 넘으면 가끔 거울 앞에서 자신의 자세를 점검하는 것이 좋다.

매일 적당한 운동을 일과로 할 것

노년(40세가 넘어서면 노년이 시작된다)의 서글픔은 젊었을 때는 그냥 방치해도 별문제 없었던 몸을 유지하는 데에 힘이 든다는 것이다. 특히 노년에는 신체의 각 부위가 위축되는 방향으로 퇴화한다. 그러므로 등도, 목도, 손가락도 모두 펴는 방향으로 트레이닝을 하기만 해도 상당히 다르다고 생각한다.

나 자신은 어느 편인가 하면 운동을 잘 못하는 편이었다. 그리고 좀더 솔직히 털어놓으면 운동을 좋아하는 사람을 경멸했었다. 그러나 내가 나이를 먹으면서부터는 내 자신이 경멸받는 입장이 될 수밖에 없다고 생각하게 되었다. 나이보다 젊게 보이고 싶은 것 때문이 아니다.

머리가 둔해지는 것을 막고 아울러 육체적으로 타인에게 폐를 끼치지 않기 위해서는 평소에 가구나 구두, 기계류의 손질을 게을리하지 않듯이 몸을 잘 가꾸어놓아야 한다. 내가 아는 사람 중에는 하루 한 번 맥박을 120회까지 올림으로써 심장의 기능 저하를 예방하고 또한 몸의 구석구석까지 산소를 공급할 수 있다고 주장하며 실행하는 과학자도 있다.

매일 똑같은 일을 하는 것이 재미없다 하더라도 계속하는 끈기가 중요한 것이다. 그렇게 하다 보면 결국은 그것이 정말로 즐거워지게 된다.

전화, 우편 업무 등은 스스로 해결하도록 할 것

이런 일들은 노인에게 민첩하고 요령 있게 하라고 말해봤자 무리이다. 그렇지만 이런 일들은 천천히 시간을 충분히 갖고 돋보기 등을 사용해서 스스로 해내고자 하는 결의가 없어서는 안 된다.

"전보를 치라고 해", "편지를 부치라고 해야지"라고 늘 남에게만 시키는 노인이 있는데, 이러한 일들이야말로 머리와 몸에 좋은 훈련이 된다. 남에게만 시키게 되면, 결국은 그러한 일을 자신은 전혀 할 수 없는 것으로 믿게 되며 의뢰심이 점점 강해질 뿐 아니라 할 일이 없어져 따분함에 괴로워하게 된다.

가능하다면 세금 신고 같은 것도 스스로 하는 것이 좋겠으나, 때때로 젊은 사람에게 점검을 받아 계산이 틀린 데가 없는지를 확인받을 수 있으면 좋다.

젊은이들에게 방해가 되는 장소에는

고령자의 행동에는 젊은이에게는 없는 특징이 있다. 젊은이들은 느릿느릿하지 못하지만, 노인은 느긋한 행동을 취하는 데 익숙해져 있다.

근본적으로 노인에게는 노인에 맞는 생활 방식과 행동 패턴이 있다. 그러므로 젊은이들과 함께 행동하려들지 말고 자신의 템포에 맞는 즐거움을 찾는 편이 좋다고 생각한다.

특히 단체 행동을 할 때에는 각별히 주의해야 한다. 체력과 기력에 자신 있는 사람은 별개로 치더라도 여행이란 다른 사람들과 함께 움직이는 것만으로도 하나의 큰 부담인 것이다. 노인이 젊은 사람의 행동에 방해가 되는 몇 가지 이유란 다음과 같은 것을 들 수 있다.

계단을 오르내리는 것이 힘들다. 짐을 들 수 없다. 화장실에 자주 간다. 병이 나기 쉽다. 이러한 것들은 자신의 템포로 행동한다면 그다지 지장을 초래하지는 않으나 다른 사람과 행동을 맞추려다보면 피곤함의 원인이 되거나 넘어지든가 젊은이에게 짐스럽다는 생각을 갖게 한다.

어린아이들이 어른들의 틈에 끼어 노는 것이 부자연스럽듯이 어른이 아이들의 놀이에 참견하는 것도 보기 좋은 것이 못 된다. 노인에 있어서도 이와 똑같은 절도 있는 태도와 분별력이 당연히 있어야 한다.

나는 휠체어를 탄 사람이나 눈이 안 보이는 사람들과 여러 차례 매우 가혹한 외국 여행을 한 적이 있는데, 그런 여행에는 고령자가 끼여 있어도 전혀 폐가 되지 않는다. 2주일 간의 중근동 구라파 여행에 80세가 넘은 분들과 동행한 적이 여러 번 있다. 눈이 부자유스러운 젊은이들은 체력이 있는 사람은 많았으나 행동이 다소 느리다는 점에서 이들은 서로 성향이 맞았다. 거기에 노인이 끼게 되면서 그룹에 어린이가 끼는 것과 같은 부드러운 느낌을 주었다. 이런 방법의 외출이나 여행도 있는 것이다.

비바람을 두려워하지 않을 것

노인은 걸음걸이가 위험하므로 물론 강풍이 불거나 호우가 내리는 날은 웬만하면 외출하지 않는 것이 좋다. 그러나 나는 노인이 자연 현상에 소극적이 되어서는 안 된다고 생각한다.

비오는 것이 외출을 취소하는 구실이 되다보면 모든 것이 어떤 일을 하지 못하는 이유가 된다. 그렇게 되면 어느새 단지 살아 있으면서도 방 안에 갇혀 있는 것과 같은 생활이 되어버린다.

"비가 오더라도 예정을 취소하지 않는다." 비를 만나 고생을 하고 바람에 날아갈 뻔하는 일들이 젊은이에게 필요하듯이 노인에게도 어느 정도는 필요한 자극이라고 생각한다.

지나치게 두려워하지 않을 일이다.

여행을 많이 할수록 좋다 여행지에서 죽는 한이 있더라도

젊었을 때야말로 여행지에서 불의의 죽음을 당하는 일을 두려워한다. 남편이 있고 부모가 있으며 자식이 있기 때문에 죽는다는 것도 마음대로 할 수 없었다. 그러나 수명이 다 된 마당에 무엇을 두려워할 것인가. 물론 우리들이 두려워하는 것은 죽음이 아니고 그 이전의 상황인 것이다. 여행지에서 움직일 수 없게 되면 고통이 심해지지 않을까 등을 두려워하는 것이다.

어디서 죽든 마찬가지다. 고향에서 죽는다고 해서 무엇인가 좋은 점이 있는 것도 아니다. 지구는 둥글게 이어져 있다. 힌두교의 장례식은 화장으로 하며 그 재를 바다에 흘려보내는데 그렇게 함으로써 죽은 자는 자신이 태어난 대지로 돌아가는 것이다.

외국에서 죽으면 돈이 든다고 걱정하는 사람이 있다. 요즘에는 그것도 준비해두면 간단하다. 자필의 화장 승락서를 휴대하고 다니면 된다. 그렇게 하면 어느 나라에서건 화장하여 유골로 만들어준다. 유골이라면 운송비도 그다지 들지 않는다. 항공 회사가 싼 가격으로 작은 상자에 넣어 일본으로 가져다주기 때문이다.

이사나 대청소 때 노인은 자리를 피해주는 것이 좋다

생활의 커다란 변화만큼 노인을 피곤하게 하는 것도 없다. 또한 그러한 때에 노인만큼 짐스러운 존재도 없다. 모두가 걱정하고 신경을 써야 하기 때문이다.

젊은이들은 다소 잠을 덜 자거나 끼니를 걸러도 몸을 유지할 수 있다. 그러나 노인이 잠을 못 자든가 식사를 제때 하지 못하면 몸에 좋지 않다. 그렇게 되면 그 바쁜 중에도 젊은이들에게 또 다른 걱정 거리를 만들어주는 일이 된다. 아무 생각 없이 거들어주고 후에 피로로 병이 나든가 근육통을 일으키거나 하면 곤란하다.

일단락 소란이 가라앉았을 때쯤 돌아와서 젊은 사람들에게 애쓴 것을 위로해주고 나는 덕분에 편했다고 감사하는 편이 마찰의 불씨를 만들지 않고 넘길 수 있는 길이다.

관혼상제, 병문안 등의 외출은 일정 시기부터 결례할 것

 벚꽃이 만발한 봄날이나 상쾌한 가을날 장례식이 있는 일은 거의 없다. 나의 기억으로는 장례식이란 여름 중에서도 아주 무더운 날이나 몸이 얼어붙을 것같이 추운 겨울날에 많다. 그것은 헤어짐이 그렇듯 비통하게 느껴지기 때문이겠지만, 고령자는 그런 행사에 참석하여 그로 인해 병이 나는 경우가 대단히 많다. 무슨 일이 있어도 손자의 결혼식에는 참석하고 싶다는 생각은 항상 마음에 활기를 주지만, 정장 차림으로 나가는 일이 일종의 의무로 생각되어지는 곳에는 가지 않는 편이 좋다.
 중요한 것은 죽은 사람, 결혼하는 사람, 병든 사람을 위해서 마음으로부터 기도하는 것이다. 그것은 어디에 있든 가능한 일이다. 사랑하는 사람과는 어디에 있든지 마음이 서로 통하는 법이다.

저녁에는 일찌감치 불을 켤 것

아주 작은 일이다. 인간의 정신은 아주 사소한 것에 영향을 받기가 쉽다. 전기료가 아깝다고 해서, 혹은 전깃불을 켠다고 책을 읽을 것도 아니라며 전등을 켜지 않으면 어떻게 될 것인가.

어둠 속에 있으면 의복이 누더기 같아도 상관없다. 머리를 빗지 않아도 남에게 보이지 않는다. 그것은 이미 정신의 죽음을 의미한다.

인간은 서로 상대의 얼굴을 보고 표정에서 마음을 읽고, 작은 들국화 한 송이를 꽂아두고 그 속에서 아름다움을 느낀다. 이런 것들은 모두가 밝은 곳에서 행해지는 것이며, 밤이 와도 그러한 정신적인 행위를 지속할 수 있도록 불을 켜는 것이다.

그러므로 밤에는 필요하든 필요하지 않든 인간이 존재한다는 것의 증거로서도 일찌감치 불을 밝히는 것이 좋다.

일찍 자고 일찍 일어나는 것보다
늦게 자고 늦게 일어나는 습관을 가질 것

나는 어렸을 때부터 일찍 자고 일찍 일어났다. 도덕적으로 일찍 일어나는 것이 득이 된다고 생각했던 것이 아니고, 생리적으로 아침에 머리가 맑기 때문이다.

그러나 아침 6시에 일어나면 사실상 하루가 참 길게 느껴진다. 그에 비해 낮 동안은 잠음이 많아서 일이 진척되지 않아, 나는 주로 밤에 집필하는 작가 생활을 진정으로 부럽게 생각했었다. 그러나 아침마다 가족이 함께 식사하는 성실한 소시민적 규율은 나이를 먹어서도 지키는 것이 좋다. 이를 위해서 이러한 생활의 템포는 지금도 지속하고 있다.

그러나 노인에게는 지나치게 일찍 자고 일찍 일어나는 것은 적어도 정신적인 면에서는 좋지 않다. 아직 모두가 한창 단란한 분위기에서 즐기고 있을 때 자리를 떠야 되며, 텔레비전의 재미있는 방송도 졸려서 볼 수 없게 된다. 그리고 또 아침에는 혼자 일찍 잠이 깬다.

우리 집 앞에도 남편이 아침에 신문을 가지러 나가면 가출한 여자아이처럼 말없이 우두커니 앉아 있는 할머니가 있었다. 아마도 3시 반이나 4시에 깨어나 모두가 일어나는 6시나 7시까지 집안에 있기가 따분해서일 것이다. 아침 산책이 그 할머니에게 건강상 대단히 좋은 것이라면 상관 없겠지만, 집안 사람들 편에서 생각하면 아침 일찍 일어나 할머니의 이부자리가 마치 허물처럼 텅 비어 있는 광경을 보는 것은 별로 느낌이 유쾌하진 않을 것이다.

그러므로 늦게 자고 늦게 일어나는 습관을 갖는다면 노인이 허전함을 느낄 겨를이 없을 것 같다는 생각이 든다. 텔레비전에서는 심야에 재미있는 영화를 방영한다. 내기를 하더라도 밤이 깊어져야 한참 재미 속으로 접어들게 된다. 이러한 즐거움을 방해하는 것이 일찍 자고 일찍 일어나는 버릇이다.

방을 따로 쓸 수 있는 형편의 노인은 별로 많지 않을지도 모르지만, 만약 나이 들어 아들, 딸의 집에서 방 하나를 가질 수 있게 되면 노인은 가능한 한 서향쪽의 방을 차지하는 것이 좋다.

아침이란 대부분의 노인에게 그다지 기분이 쓸쓸하지도 괴롭지도 않을 것이다. 무엇인가가 막 시작하려는 기색이란 노년의 기분과는 반대가 되기 때문이다.

그러나 저녁에는 심란해진다. 정신적으로 울적한 상태에 있는 노인은 특히 저녁 무렵에 그 증상이 심해진다. 서향쪽은 여름에 더워서 별로 좋지 않다고는 하지만 그래도 더위를 원망하는 편이 햇빛이 비치지 않는 방에 일찌감치 드리워지는 남빛 석양 속에서 아무 할 일 없이 멍하니 앉아 있는 것보다는 훨씬 인간적이다.

아침 일찍 눈이 떠지는 것을 한탄하지 않을 것

아침 일찍 눈이 떠지게 되는 것을 한탄하는 노인을 나는 이해할 수가 없다. 너무나 졸려서 도저히 눈이 떠지지 않는 젊은 시절과 비교하면, 아침 일찍부터 잠이 깨서 더 이상 자지 않고도 괜찮은 노년은 얼마나 자유스럽고 멋진 일인가. 그때야말로 젊었을 때 할 수 없었던 독서를 한다면 좋을 것이다.

만일 눈이 나쁘다면 최근에는 테이프 서비스가 잘 되어 있으므로 그것을 이용하면 된다. 각자 읽고 싶은 책의 요망 사항을 전달하고 기다리면 주문한 테이프를 받을 수 있다는 것은 옛날에는 생각도 할 수 없는 일이었다. 그런 행운을 충분히 활용하며 감사해야 한다.

자신의 동네에 애정을 가질 것

　노인 복지 시설(노인의 집)은 왜 동네에서 멀리 떨어진 적막하고 경치가 좋은 곳에 지을까? 땅 값이 싸다는 이유도 있고 해서 노인 복지 시설에 대한 이미지는 그처럼 '격리된 시설'인 경우가 많다.

　그러나 은둔 생활이란 결코 어떤 특정 성격의 고령자에게는 좋지 않다. 그것은 기분을 침울하게 하고 우울병적 증세를 더욱 조장시킨다. 이런 노인에게는 될 수 있으면 동네 한가운데 있는 노인 복지 시설이 필요한 것이다.

　노인에게 강한 자극은 금물이라는 것이 정설이 된 것 같지만 자극 자체가 아주 없어져버리는 것은 더더욱 좋지 않다. 사람 사는 곳에 있다보면 노인에게도 일할 기회가 생기며, 무엇보다도 무엇인가 사람 살아가는 냄새가 짙게 배인 속에서 살아갈 수 있다.

　뉴욕 근처의 유원지에 갔던 때의 일이다. 회전 열차가 있었다. 소녀들이 매회 회전 열차를 타고 노도처럼 밀려 내려온다. 회전 열차는 올라갈 때보다 내려올 때가 더 무섭다. 그 내려오는 여자아이들의 얼굴이 가장 잘 보이는 곳에 의자가 있었다.

　그곳에는 할아버지들도 몇 명 앉아 있었다. 그들은 회전 열차를 탄 소녀들이 머리카락을 바람에 날리며 무서워서 '으악' 하며 소리치는 것을 줄곧 바라보고 있었다. 나는 그것을 보고 한참 동안 그곳을 떠나지 못했다.

가와바타 야스나리(川端康成)의 『잠자는 미녀』의 주인공처럼, 이미 성(性)을 잃어버린 노인이 비밀 클럽에 가서 젊은 아가씨의 잠자는 모습을 본다는 것은 보통 사람으로서는 할 수 없는 일이다. 나는 거기서 넓은 의미로 노인들의 성생활의 일부를 훔쳐본 것 같은 기분이 들면서, 그것으로 됐다는 생각이 들었다. 노인의 성은 생동감은 없으나 그 대신 시(詩)적 분위기를 불러일으킨다. 물론 내가 노인의 성에 대해서 말할 자료를 가지고 있지는 않지만….

폴란드의 한적한 시골 동네에서도 노인들은 비둘기와 함께 동네의 버스 정류장이 있는 광장에 모여 있다. 소음에 둘러싸여 그 마을에서 가장 공기가 나쁜 그곳을 좋아하고 있는 것이다.

'은둔 생활'처럼 보이는 것을 그 모습 그대로 좋아할 수 있는 사람은 시골 출신자들뿐이다. 그러나 그것은 고향에 대한 동경이지, 은둔은 아니다. 그들은 자연 속에서 생활하는 것이 얼마나 혹독한 것인가를 알고 있다. 더위와 추위, 비바람, 농작물의 고된 일, 생활의 불편함, 이러한 것들에 정면으로 맞서야 한다는 점에서 시골 생활에도 적극적인 의미가 있는 것이다. 그 무엇과도 맞서지 않고 그저 조용한 자연 속에 놓여지는 것은 버려진 것과 다를 바 없다고 나는 생각한다.

머지않아 노인들의 대부분은 도시에서 성장한 사람들이 될 것이다. 그들에게 필요한 것은 깨끗한 공기보다는 아마도 인간다움이며, 붐비고 혼잡스러운 도시의 분위기일 것이다.

3. 죽음을 편안하고 친숙하게

재미있는 인생을 보냈으므로 언제 죽어도 괜찮다고
생각할 정도로 늘 심리적 결재를 해둔다

나에게는 좋은 일이 하나도 없었다고 말하는 사람이 있을지 모른다. 그러나 이 세상에서 그 어떤 좋은 일도 전혀 없었다고 하는 사람은 드물다.

어떤 처지에서도 마음을 열면 반드시 무엇인가 감동할 일이 생긴다. 정성으로 그것을 잘 찾아내어 음미하고 많은 욕심을 부리지 않는다면 '이런 것들을 체험한 것만으로도 이 세상에 태어나서 좋았다'라고 느낄 수 있을 것이다.

사람은 성격에 따라 '덧셈을 하는 사람', '뺄셈을 하는 사람' 등 저마다의 습성이 있다.

언젠가 우리집에 강도가 들어온 일이 있었다. 나의 가슴 30센티쯤 앞에 바짝 칼끝을 들이댔을 때, 나는 비교적 침착했다. 그것은 내가 인간이 되어 있어서가 아니라 내 사고의 패턴과 관계가 있는 것이다.

칼을 본 순간 '이젠 죽었구나'라는 생각이 번득 뇌리에 스쳐 지나갔다. 그것은 어느 의미에서든 위법 행위이지만, 죽는다면 모든 게 끝장인 셈이다. 그렇지만 현실의 나는 아직 살아 있으며, 어쩌면 살 수 있을지도 모른다는 생각이 들었다.

내가 오키나와 전쟁을 취재했을 때 여학생들이 자결을 위한 준비에 얼마나 노심초사했는지를 알 수 있었다. 당시 여학생들의 사고 방식으로서는 적의 손에 죽는 것보다는 자살하는 것이 마땅하다고 생각했으며, 자살을 할 경우 네 번째 늑골 사이를 칼로 찌르면 즉사하므로 여학생들은 마르고 야윈 가슴 위에서부터 늘 늑골의 수를 세며 만일의 경우 행동을 개시할 때 엉뚱한 곳을 잘못 찌르지 않기 위해 훈련을 반복하고 있었다고 한다.

강도에게 가슴이 찔렸을 경우 나는 흉기가 뼈를 찌를 확률과 살을 찌를 확률은 각각 50%라고 생각했었던 것이다. 설사 뼈를 찌르지 않더라도 칼이 네 번째 늑골을 찔러 즉사할 확률은 더욱 희박했다. 그렇게 생각하자 의외로 살 수 있는 확률이 많다는 것을 알고는 나 자신도 놀랐다.

내가 이런 이야기를 하자 나의 친한 친구는 나의 판단이 틀렸다고 충고해주었다. 왜냐하면 '죽는 것보다 낫다' 라는 생각이 비겁한 사고 방식이며, 아무런 이유 없이 내 생명을 빼앗으려 든 상대에게 오히려 더욱 격렬한 노여움을 느꼈어야 당연하다는 것이 그의 주장이었다.

그것은 명백하게 옳은 말이다. 단지 나는 그때 내 방식대로 생각하는 것이 훨씬 마음이 편했던 것 같다. 만일 편안하고 풍족한 생활을 당연히 여기는 사람이었다면, 강도를 만나는 일은 용서하기 어려운 큰 이변이다. 내가 충족한 상태를 일상의 상태로 보는 습성이 붙어 있었다면, 돌발적으로 발생한 재난만큼을 나의 충족한 상태에서 삭제해야 하는 것에 대단히 분노했을 것이다.

그러나 나는 우선 내가 죽었다고 생각했던 것이다. 나의 출발점은 늘 '제로'에서 시작한다. 제로에서 본다면 아주 적은 구원도 없는 것보다는 훨씬 나은 것이다. 나는 '덧셈의 행복'을 느끼는 사람이고, 내친구가 깨우쳐준 것은 '뺄셈의 불행'이라 나는 생각한다. 어느 것이 좋고 나쁘다는 문제가 아니다. 단지 나와 같은 계산 방법을 사용한다면, 일생에 단 한 번도 좋은 일이 없었다는 사람은 당연히 있을 수 없는 것이다.

늙음과 죽음을 일상 생활에서 가끔 생각할 것

죽음에 대해서는 늙어서부터가 아니고 어렸을 때부터 생각하도록 할 필요가 있다고 나는 생각한다.

죽음의 개념에는 두 가지가 있다. 아이들이 두려워하는 죽음이란 시체, 관, 화장터, 유골 또는 도깨비와 같은 것들이다. 엄마의 죽은 얼굴을 본 7세의 소년이 그 이후 '엄마가 도깨비가 되어 나타나는 것은 아닐까'라고 생각하여 밤에 화장실에 갈 수 없게 되었다는 등의 이야기들은 많이 있다.

어린아이에게 죽음이란 것을 그러한 개념에서부터 주입시키는 것은 별로 좋은 일이 아닐지도 모른다.

그러나 나는 가톨릭 학교에 다녔기 때문에 늘 생의 의미와 죽음의 의미에 대해 가르침을 받았다. 유치원에 다닐 때부터 임종을 위한 기도를 매일 했다. '재(灰)의 수요일'의 축일에는 우리들은 사제의 손에 의해 이마에 재를 칠하고 재로 돌아갈 인간의 생애를 생각하도록 배웠다.

늙는 것과 죽는 것 어느 것도 우리가 바라는 것은 아니다. 그러나 우리가 바라지 않는 모든 것을 뛰어 넘으려면 그것에서 도망쳐서는 결코 해결되지 않는다. 해결이란 직시하는 것에서부터 시작하는 것이다.

"할머니! 여기 앉으세요" 하며 자리를 양보하는 것에 낙심했다든가, 자신과 엇비슷한 나이의 사람이 교통 사고를 당해 신문에 "노인, 자동차에 치어 사망" 이라고 씌어져 있는데 화가 났다든가 하는 이야기를 들으면 솔직히 말해서 나는 반대로 그런 반응에 놀란다. 그러한 일이란 이미 익히 알고 있는 일이 아닌가.

10대에서 보면 50대는 이미 엄연한 '할아버지, 할머니' 인 것이다. 그런 말을 들었다고 왜 허둥대야 하나. 갑자기 늙음이 찾아왔다고 생각하는 사람은 준비성이 없는 사람이다. 아니면 자신의 체력, 능력을 과신하고 있었던 것이다.

자신이 그렇게 되기 이전부터 그렇게 되어버렸을 때의 일을 생각하는 것이 인간다운 행위이다. 나는 그 밖의 다른 고급스러운 예상을 하기가 쉽지는 않지만, 나이를 먹어간다는 정도의 예상이라면 가능하다. 그러한 예상을 하는 것(적중할지 어떨지는 별개로 쳐도)이 인간과 동물을 구분하는 근본적인 능력의 차이라는 것을 생각한다면, 역시 미리 미리 늙는 것과 죽음에 대해 친숙해지는 편이 현명하다고 생각한다.

장수를 견뎌낼 수 있을지 생각해본다

50세 때에 70세의 계획을 세우는 것은 어리석은 일일지는 모르나 나는 지금 당장이라도 80세가 넘으면(90세가 넘어서면이라고 말하는 사람이 있어도 물론 상관없다) 고통이나 통증이 심할 때 이외에는 의사의 진단을 받지 않을 생각이다. 옛날에는 평균 수명이 70여 세였으니까 나는 70세를 넘으면 의사의 치료를 받지 않을 생각이었다.

이 책도 1995년에 나온 57쇄본(刷本)까지는 70을 넘으면 의사의 진료를 받지 않겠다고 되어 있었다. 그러나 지금은 평균 수명이 여성의 경우 80을 넘었기 때문에, 70부터 병을 방치한다는 것도 염치 없는 결과를 낳게 될지도 모른다는 생각이 들었다.

다시 말해서 평균 수명에 이르러 병을 발견하였을 때, 그 병과 몇 년 동안 싸워가며 살아가는 것보다 병을 모른 채 주어진 수명을 다하는 것이 낫다고 생각하기 때문이다. 물론 뇌출혈로 식물 인간이 되지 않도록 혈압 정도는 재면서 내 스스로 간단히 할 수 있는 식이요법 정도는 할지도 모르겠다.

그러나 솔직히 말해서 인생 50년 정도가 적당하지 않을까 하는 생각도 든다. 나는 50세가 되기 한달 전에 백내장 수술을 하고 그때껏 없었던 시력을 되찾았다. 그러나 보통의 경우 인간의 몸은 50세까지라면 그냥 내버려두어도 여기저기 별이상 없이 견딘다. 견딘다기보다 여기저기 손보는데 별로 힘을 들이지 않아도 된다.

그러나 50세를 경계로 상당히 건강한 사람들이 여기저기 몸에 이상이 생기는 것을 보면 50세란 육체적으로 역시 적당한 분기점이 아닐까 생각한다. 50년 이상 육체를 쓰는 경우는 몸이 녹슬어버리지 않도록 끊임없이 주의하지 않으면 안 되므로 그런 노력이 귀찮게 느껴진다.

그러나 육체의 노화와는 별도로 정신 분야 면으로는 5, 60대가 3, 40대보다 명백하게 복잡하다. 50대에 즐거우면 60대는 더 그럴 것이고 치매 증세 없이 70대에 들어서면 더욱더 즐거워진다. 이처럼 복된 사람들은 8, 90대에도 멋지게 살아가는 것에 당연히 도전하고픈 생각이 들 것이다.

그러므로 어디서 인생을 마칠 것인가는 자신의 기호에 따른다. 또 그 사람의 정신과 육체의 강인함에도 좌우된다. 그러나 의학도 오래 살게만 하면 된다는 것에 만족하지 않게 된 것은 바람직한 일이 아닐 수 없다.

최후는 자연에 맡기는 것도 좋다

어떤 고명한 의사가 나에게 말했다.

"노인에 대해 해서는 안 되는 의료가 있습니다. 하나는 기관 절개. 그 것을 하면 말을 할 수 없게 되지요. 말이란 최후의 순간까지 남겨주어야 지요.

또 하나는 점적 주사(点滴注射 : 관을 주입해서 음식물이나 영양분을 공급하는 것). 인간은 '호메오타시스(Homeostasis)'라고 하는 자연히 스스로 자신의 몸을 조절해서 살아가도록 작용하는 일종의 기능이 있 죠. 점적은 그것을 교란시키고, 때로는 우리 몸의 세포가 수포가 되어 기능을 하지 못하게 되는 수도 있지요. 그렇게 되면 호흡까지도 힘들게 됩니다.

그러나 자신의 입으로 먹으면 그 호메오타시스에 자연스럽게 합류하 게 되죠. 그러므로 식욕이 없어져도 결코 방치해서는 안 돼요. 한 입이 라도 먹을 수 있도록 권하지 않으면 안 됩니다. 그러니 점적만은 사양하 세요."

정말 우연한 일이었지만 나는 나의 어머니와 시아버지, 시어머니 세 분 부모를 집에서 떠나 보냈다. 이 말은 호스를 꽂는 일 없이, 기관 절개도 하지 않아도 되었다는 것이다. 주치의가 좋은 분이었던 까닭도 있다. 어머니가 83세, 시어머니가 89세, 시아버지가 92세셨다.

옛날에는 줄곧 농가의 툇마루에서 기거하셨던 할머니도 종종 계셨다. 비교적 젊었을 때는 그곳에서 바느질을 하시거나, 가끔 구부러진 허리로 서서 콩 등을 삶곤 하셨던 할머니이다. 그런 할머니가 툇마루로부터 어째 모습이 안 보인다 싶으면, 어느날 이미 돌아가셨던 것이었다.

지금 생각해 보면, 그것이 호메오타시스라는 것이 아니었나 생각한다. 정말로 그런 최후가 바람직하다.

노인의 세 가지 적─유동식, 점적, 휠체어─을
거부하는 것에는 본인의 기력도 필요하다

얼마 전 90세가 넘으신 시아버지를 양로원에 맡기고 있는 한 여성으로부터 가슴 아픈 이야기를 들었다.

그의 시아버지는 90세를 넘어서부터 가끔 음식물이 기관에 들어가 숨이 막히는 일이 생기고, 그것 때문에 폐렴을 일으킨 일도 있었다고 한다. 그런 일이 몇 번 반복되자 의사가 말했다.

"내주부터 식사를 중단하고 점적으로 합시다."

그 시아버지는 그 말을 듣자 울음을 터트렸다. 아직 식사가 낙이었던 것이다. 며느리는 시아버지를 아끼는 터라 제발 식사를 중단시키는 일은 하지 말아달라는 사정을 하러 갔다.

1990년대 후반의 의료라는 것은 아직 이 정도밖에 인간을 이해하지 못한다. 90 넘은 사람이 식이성 폐렴이 되어 사망한들 무엇이 그리 잘못된 것일까? 그것보다는 최후까지 가능한 한 먹고 싶어하는 것을 먹게 해주는 그런 애정 어린 마음을 왜 갖지 못하는 것일까?

그 이전의 문제이지만 나이가 들면 유동식으로 하든지, 부드러운 것을 먹게 하면 좋다라는 것들도 잘못된 것 같다. 음식의 맛은 단단함과 연함에 있다. 나도 이가 좋으면 언제까지나 될 수 있는 대로 된밥을 먹고 싶다. 무엇이든 잘게 썬 것이 좋은 것은 아니다.

휠체어도 간호가 극진한 것처럼 보이지만 실은 애물 단지이다. 휠체어에 앉히면 사고를 일으키지 않으므로 간호하는 사람은 편하다. 그러나 앉은 사람은 결과적으로 이른바 페리파테오(걷는다=생활한다)의 기능을 상실하게 된다.

인간은 가능한 한 혼자 힘으로 서서 걸어가 용변을 봐야 한다. 그러는 데는 시간도 걸리게 되며, 간병인은 답답해져 휠체어를 갖고 오고 싶어진다. 그러나 그것을 뿌리치고라도 반드시 걷지 않으면 안 된다.

노인 당사자도 편하게만 해주면 좋아하는 사람이 있다. 그러한 사람은 '노인을 걷게 하는 것은 간병인에게 친절한 마음씨가 없기 때문이다. 휠체어에 태워 밀어주면 좋으련만' 이라는 쪽으로 생각이 기울게 된다.

그렇게 생각하고 싶은 사람은 그렇게 해도 되겠지만 이를 악물고라도 걸으려 하는 사람은 분명하게 자신의 원하는 바를 전달해야 할 것이다.

유언장 등은 편안한 마음으로 미리 준비해둔다

사후에 유산을 둘러싸고 남은 가족들이 다투는 것만큼 비참한 일은 없다. 유산 싸움은 남겨진 유산이 적어도 생기고 많아도 생긴다. 없으면 없는 대로 죽은 이가 남긴 기모노 한 벌이라도 누가 차지할 것인가로 다투게 되고, 막대한 재산을 남긴 유복한 가족은 그만큼 더 치열하게 서로 언쟁하는 얄궂은 결과를 초래한다.

그러한 분규를 최소한으로 줄이는 것이 유언장이지만 그것도 정확한 법적 조건을 갖추지 않으면 효력이 없다고 한다. 그것을 위해서 비교적 일찍 유언장을 쓰는 일은 마땅한 생각이다. 그럼에도 유언장 등을 쓰라고 하다니 나를 죽일 생각이냐는 등 그 말을 듣는 것만으로도 충격을 받는 사람이 있어 가족도 어쩔 도리가 없어 말을 꺼내지 못하는 경우가 있다.

유언장을 쓴다고 금방 죽는 것도 아니다. 오래 살며 몇 통씩 다시 고쳐 써도 되는 것이다. 편안하게 언제든 쓸 수 있을 정도의 여유가 필요하다고 생각한다.

병이 정말로 낫지 않는 경우는 오직 한 번 있을 뿐이다

　죽음을 두려워하는 것은 당연하지만, 죽는 것은 한 번뿐인 것이다. 이 말은 대부분의 경우 병이 낫는다는 것이다. 그렇게 생각한다면 고쳐야 하고 또 사실 나을 수 있다.

　몸이 나빠지면 무엇보다 우선 고치지 않으면 안 된다. 병원에도 가지 않고 그저 몸이 아프다고만 호소하는 노인이 있으나 그렇게 되면 주위 사람들이 힘들게 된다.

　노년의 병은 여간해서는 쉽게 낫지 않는 경우가 많으나, 그렇더라도 치료를 받아볼 수밖에 없다. 질병에 대해서 딱 들어맞는 요법을 찾을 수 없는 것은 노인에게만 국한된 것이 아니라는 것을 명심해야 한다. 예를 들어 내가 아는 한 중년의 습진 환자는 어느 정도 효과가 있는 약을 주는 피부과 의사를 만나는 데에 3년 정도가 걸렸고, 그럼에도 아직 완전히 낫지 않은 상태이다. 일생을 천식으로 고생하며 사는 사람도 여기저기 많이 있다. 이것은 결정적으로 병을 고칠 수 있는 의사도, 약도 없다는 것을 뜻하는지도 모르는 일이다.

　이처럼 중년에도 이리저리 의사를 바꾸어보고 싶어질 정도로 낫지 않는 병은 흔하다. 그렇다고 해서 병을 중도에 방치해둘 수는 없다. 해보지도 않고 어차피 이런 것은 효과가 있을 리 없다고 단정해버리는 경우도 있는데, 그런 행위는 의사에 대해 실례가 된다. 게다가 한 번 시도해볼 생각이라면 왜 '속는 셈치고' 라는 마음을 갖지 않을까? '속는 셈치고 속아서' 병이 낫는 경우도 꽤 있다.

불가능하더라도 끝까지 희망을 갖는 것이 좋다. 그것이 인간의 의무인 것이다. 고쳐지지 않아도 고치려 하는 그 과정이 중요하다. 돌이켜보면 우리들 모두는 이러한 과정을 살아온 것이 아닐까? 여러 가지 많은 야심과 꿈을 갖고 있었지만, 별로 생각한 대로 되지 않은 것 같다. 그러나 그 과정이 우리의 인생 그 자체였다.

'어차피 우리 모두는 언젠가 죽게 될 것이므로' 라고 생각해버린다면 젊어서부터 예방 주사나 건강법 등에 대해 마음을 쓰지 않아도 된다.

병원에도 가지 않고 집안 사람들에게 줄곧 몸이 아픈 것만을 호소하는 것은 노인이든 젊은이이든 삶의 방법으로 보더라도 불손한 것이다.

어떠한 냉혹한 대우를 받게 되더라도
죽기 전에 보복한다는 생각은 하지 않는다

우리들은 개인으로부터 혹은 사회로부터 좋은 면에서든 나쁜 면에서든 늘 터무니없는 취급을 받는다. 세상에는 복수담도 대단히 많지만 결코 복수가 도덕적으로 나쁘기 때문이 아니라, 그런 것에는 본질적으로 사람의 마음을 사로잡는 것이 없다. 그것은 쟁반 위에 그려놓은 산수(山水)처럼 오밀 조밀 그럴 듯이 그려져 있으나 현실을 모방해 만들어졌을 뿐이다. 결코 현실적이지는 않다. 왜냐하면 현실이란 더욱 자유분방하고 웅대하며 꼼꼼하게 쓴 금전출납부처럼 손익 계산이 한눈에 딱 들어오듯 오차 없이 딱 들어맞는 것이 아니기 때문이다.

수조, 수억의 인간이 지금까지 그런 얄궂은 운명을 받아들였던 것이다. 왜 자신만이 유독 그것을 거역하고 이치를 꿰어 맞추려 하는 것일까? 거기에서 당연히 문제가 되는 것은 '용서'이다. 용서라고 하면 반사적으로 거부 반응을 일으키는 사람을 위해서 나는 하나의 절박한 문구를 인용하고 싶다.

"용서란 양의 문제가 아닌 질의 문제다. (중략) 적에 대한 사랑이라는 것은 유토피아적인 몽상가의 경건한 충고와는 대단한 차이가 있다. 우리들이 살아남기를 바란다면 그것은 절대로 지키지 않으면 안 되는 운명인 것이다."

　이것은 용서의 문제를 하나의 도덕도 아니고 신앙도 아닌 현실적 수
단으로 인정해야 한다는 것이며, 적의 손에 의해 쓰러진 흑인 지도자 마
틴 루터 킹의 말이다.

자살이란 더할 나위 없는 비례(非禮)이다

노인 중에는 죽고 싶어하는 사람이 실로 많다. 나와 가까운 사람이 뇌연화증의 발작으로 쓰러졌을 때, 동맥경화증이 가끔 우울병적 경향을 나타낸다는 것을 알았다. 옆에서 봐도, 물론 불행하기는 하지만, 그 정도쯤 참아낼 수 없다면 그 밖의 노인들은 훨씬 더 견뎌내기 어려울 거라고 말하던 그 사람도 죽고 싶어했다.

내가 아는 한 노인은 건강하게 나이 든 아내와 딸 내외 그리고 손자와 살고 있다가 자살을 했다. 경제적으로도 별로 어렵지 않고 사회적으로도 괜찮은 직장에서 관리 직종의 일을 해왔다. 그가 자살한 이유는 아내를 먼저 떠나보내는 것이 두려웠기 때문이었다. 그런 경우를 당하느니 먼저 죽는 것이 낫다고 생각했던 것이다. 그의 경우 설사 부인이 먼저 떠나갔다 해도 동거중인 딸 내외와 함께 '할아버지' 로서 예전과 마찬가지로 살아갔을 것이었다. 며느리가 아닌 자신의 딸과 살고 있으므로 마음적으로는 편했을 것이다.

목적을 잃어버리면 인간은 '죽을 수밖에 없다' 고 생각할지도 모른다. 혹은 집착이 아주 강한 나머지 그것을 잃는 데 대한 공포도 커지고 그 두려움 때문에 죽고 싶어지는 것은 언뜻 보면 모순 같지만, 심리학적으로는 하나의 패턴으로 해명되고 있다.

그러나 다른 것과 다르게 죽음이란 하나의 문답무용(問答無用)의 관계를 만들어낸다. 자기 자신이든 타인이든 간에 생명을 끊는 것은 그 상대와 두 번 다시 대화에 응하지 않겠다는 의사 표시를 하는 것이다.

전쟁 중에 아들을 잃고 혼자서 살아온 할머니가 자살했다는 이야기는 별로 들리지 않는다. 그것은 자살한다고 해도 직접적으로 고통을 느끼는 상대가 없기 때문이다. 한 인간을 그러한 상황에 방치한 것에 대해 국가가 죄스럽게 생각해야 마땅하겠지만, 국가가 그 죄책감을 갖는 모습을 우리들은 떠올릴 수 없으므로 죽어봤자 소용이 없는 것이다.

노인의 자살은 어디 좀 당해보라고 빗대는 듯한 자살 요소를 품고 있는 경우가 많다. 그것도 그 빗대는 대상이 아무것도 해주지 않은 타인에 대해서가 아니라 적으나마 여태껏 보살펴준 가까운 사람에 대해서 하는 것이다.

싸움이라면 얼마든지 해도 좋다. 그것은 나중에 대화가 가능하기 때문이다. 그러나 죽음은 무시무시한 거절이다. 앞으로 영원히 더 이상 너와 상대하지 않겠다는 것이다. 아무리 괘씸한 대우를 받았다 하더라도 죽음으로써 보복하지 않으면 안 될 정도의 괘씸한 소행은 없다.

속마음은 그렇지 않다고 해도—앞서 말한 행복한 노인의 죽음에 결코 원한은 없겠지만—어떤 이유가 있더라도 자살은 가장 폐스럽기 짝이 없는 행위이다. 목매어 자살한 방은 기분 나빠 사용하고 싶지도 않다.

사람이 뛰어든 우물이나 목을 맨 나무 등은 후에 어떻게 처리해야 되는가? 전철에 뛰어드는 것도, 바다에 뛰어드는 것도 명백히 타인과 사회에 대단한 피해를 주는 것이다.

도대체 죽을 때까지도 그토록 폐를 끼치지 않으면 안 되는 것일까? 기다리고 있으면 누구나 머지 않아 자연히 죽게 되는 것을 말이다.

늙어가는 과정을 자연스레 받아들인다

누가 이런 늙음의 모습을 만들었을까? 그것은 당신도 아니고 나도 아니다. 눈은 둘, 코는 하나로 만들어져 있듯이 이유도 없이 늙는다는 것도 어떤 하나의 모습을 가지게 되는 것이다.

스스로가 이런 모습을 선택했다고 한다면 수치스러워하지 않을 수 없을 것이다. 그러나 자연스레 주어진 늙음의 모습에 하등의 저항할 필요가 없다.

나는 가끔씩 실제로 그 나이라고는 생각할 수 없을 만큼 대단히 젊게 보이는 사람을 만난다. 그러나 그것은 결코 젊음을 유지하고자 해서 그렇게 된 것은 아니다. 젊음을 유지하는 것 등에 대해서는 생각도 할 수 없을 만큼 어떤 생활에 전념하고 있는 사람이 우연히 그렇게 되었을 뿐이다.

무리하게 젊어 보이려고 애를 쓴다면 타인은 단지 그 노력에 대해 '젊으시군요' 라고 할 뿐이다. 그러나 속마음으로는 씁쓸하게 생각한다.

지나치게 꾸미면 오히려 노화가 더 눈에 띄기 때문이다.

어느 고등학생이 말했다. "서른 넘은 여자들은 모두 죽어 없어졌으면 좋겠어." 이런 말에 화를 내서는 안 된다. 보기 싫은 점에서라면 그것은 사실이다. 그러나 고등학생도 얼마 안 가서 3, 40이 된다.

인간의 눈으로 보아 고릴라는 추악하게 보일지 모르나, 그 고릴라가 인간의 모습 같다면 더 이상 고릴라가 아니다. 고릴라는 인간보다 더 추악하기에 고릴라인 것이다. 노인이란 늙음이라는 특징을 갖고 있기 때문에 노인인 것이다.

혈육 이외에 끝까지 돌봐줄 사람은 아무도 없다

자식과 함께 살고 있는 노인 가운데 자식 부부와 언쟁을 하거나 하면, "그렇다면, 내가 이 집에서 나가마"라고 말하는 사람이 있다. 양로원에 갈 생각이라면 문제가 다르다. 그러나 그런 말을 하는 노인이란 실천할 가능성이 별로 없는 경우가 대부분이다.

그런 경우 노인이 떠올리는 것은 가끔씩 와주는 친척의 자녀들이다. 어쩌다 한 번씩 와서는 조그마한 선물 등을 주며 상냥하게 "할머니, 정말 오래오래 사세요. 무슨 일이 생기면 금방 달려올게요. 할머니께 무슨 일이 닥치면 제가 반드시 보살펴드리겠으니 걱정하지 마세요." 이러한 말을 했던 아이들이다.

우리 며느리와 비교하면 그 애들은 월등하게 친절했다. 그 애들 집에 들어가 신세를 져야겠다고 노인은 생각한다. 그러나 그러한 일은 실은 절대로 실현되지 않는다.

어쩌다 한 번 만난 노인에게 사람들은 어떤 말도 할 수 있다. 입으로는 어떤 약속도, 어떤 자상한 말도 해줄 수 있다. 그러나 지금까지 매일 줄곧 노인을 보살펴온 것은 며느리이다. 날마다 얼굴을 맞대고 있으면 그러한 붙임성 있는 소리를 일일이 할 수는 없다.

노인들 중에는 자신에게 주어진 생활의 좋은 점을 거의 느끼지 못하는 사람들이 많다. 좋은 점이란 하나도 없고 나쁜 점만 가슴에 사무친다. 물론 일반 서민 생활에서 나무랄 데 없는 노후를 보내는 사람은 소수에 불과할 것이다. 그러나 병들어 자리에 누워 있으며, 보살펴주는 연고자도 없고 돈 한푼 없는 노인 등과 비교하면 대부분의 노인들은 그래도 나은 생활을 하고 있는 것이다.

　자식의 집에서는 살 수 없다고 딱 잘라 말하는 것은 상대에 대해 근본적으로 실례되는 태도이다. 하기야 그렇게밖에는 말할 수 없는 자식도 있을 수 있고, 아무리 노인이라고 해도 무슨 일이 있어도 거기서 참고 살아야 한다는 법은 없다. 노인 혁명을 일으키는 일은 대찬성이다. 그러나 그 경우라면 전적으로 자기 혼자서 자신의 체력과 재력의 한도 내에서 조용하게 착실히 혁명을 달성해야 한다.

　정말 나갈 마음도 없으면서 들으라는 듯이 이런 집구석에 있는 것은 견딜 수 없다고 하는 노인도 있다. 비위 긁는 말만을 하는 게 아니다. 자신이 얼마나 냉대받고 있는지를 가까운 친척이나 이웃에 하소연하고 싶어하고, 가출한다든지, 자살을 기도한다든지 또 투서를 하거나 동네를 배회하기도 한다. 이 가운데 어떤 것도 자신의 본심과는 관계가 없다. 인간으로서 비겁한 행동인 것이다.

　언젠가 내가 답변하지 않으면 안 되었던 신상 상담에서 자신은 아직 몸도 건재하므로 밖에서 일하고 싶다는 흠잡을 데 없는 글씨와 문장으로 쓰여진 할머니의 투서를 받았다. 특별히 자식에게 학대받고 있다는 등의 말이 없었으나 무엇인가 사정이 있는 듯한 문장이었다.

그 사연이 신문에 게재되어 나갔을 때 고용하겠다는 사람이 쇄도했다. 불쌍한 할머니를 그들 집에서 일하게 하고 싶다는 동정 반, 일손이 부족했던 때의 실리주의적 생각 반인 전화가 대부분이었다. 신문사에서 조사한 결과 그 투서자 할머니가 살고 있는 아들 부부 집에서는 투서란 아닌 밤중에 홍두깨 격으로 대단히 놀랄 일이었다.

할머니에게 나가라는 듯한 말은 한 적도 없거니와 같이 살 수 없는 사정이 있었던 것도 아니었다. 활동하고 싶다면 집에서 무엇인가 몸을 움직일 수 있는 일도 얼마든지 가능한 것이고, 다시 말해서 그런 이야기는 청천벽력과 같았다.

그 할머니는 자립의 의지가 있는 것을 보여주고 싶었을지도 모르겠으나, 진정으로 생의 보람을 위해 밖에서 활동하고 싶었다면 어쨌든 그 정도로 아들 부부를 놀라게 만드는 그런 수단은 쓰지 않았어야 좋았다. 서로 의논하여 돈이 조금 필요하다면 확실히 돈을 벌 수 있는 곳에, 돈과 상관 없다면 그런 일손을 필요로 하는 곳에, 아들과 의논해서 가면 되는 것이었다.

할머니의 방법은 아무리 생각해봐도 이런 집에서는 살 수 없다는 것을 아들 부부에게 알리기 위해 소란을 피운 연극으로밖에는 생각할 수 없었다.

노인이 활동하고 싶다는 의사를 밝혔을 때 젊은 세대는 그것을 창피한 일이라 생각해서는 안 된다. 만일 집에서 부업을 하고 싶다고 하면 체면이 깎인다고 생각하지 말고 일거리를 찾아줄 일이다.

그러나 분명히 말해서 노인도 생애를 마칠 집은 자식의 집이고 그 이외의 타인은 보살펴줄 이유가 없다는 정도의 냉정한 판단을 하는 것이 좋다. 소년과 노인은 꿈을 갖고 있다. 소년의 꿈은 그런 대로 애교가 되지만 노인의 꿈은 주위 사람들에게 폐를 끼칠 뿐이다.

날마다 보살펴주는 타인에게 감사할 것

"같이 살지 않는 둘째 며느리가 낫다고 생각하며 같이 살고 있는 맏 며느리를 멀리하지 않는다."

이것은 하나의 전형이지만 몇 십 년이나 살아왔으면서도 이 정도밖에 세상을 모른다는 것은 슬픈 일이다. 날마다 돌보아주는 것은 대단히 힘든 일이다. 자연히 서로의 단점을 보이게 된다. 매일매일 늘 자상하게 대하는 것도 인간에게는 상당히 어려운 일이다.

그러다 보니 어쩌다 한 번 양로원에 와주는 조카나 한 달에 한 번 정도 방문하는 둘째 며느리가 훨씬 좋은 사람처럼 보이게 된다. 그러나 헌신적으로 노인을 책임지고 있는 것은 병원이나 양로원의 직원이며 맏며느리이다. 하루 정도라면 누구라도 착한 사람이 될 수 있다. 계속해서 해주는 것이 얼마나 중요한가를 느껴야 한다. 용돈을 줄 요량이라면 어쩌다 오는 조카보다는 시설에서 돌봐주는 직원이나 동거중인 맏며느리에게 주어야 마땅하다.

인간적인 죽음의 모습을 자연스레 보여줄 일이다

인간적이란 말에는 모든 요소가 포함된다. 편리한 말이라 하고 싶지만 그 이상인 것이다. 노인이 되어서 최후로 자식에게 혹은 젊은 세대에게 보여줄 것은 사람이 어떻게 죽는가 하는 죽음의 자세인 것이다.

훌륭하고 의연하게 죽는 것이 최상이다. 그것은 인간만이 할 수 있는 용기 있는 행동이며 또 살아남아 앞으로 죽음을 맞이할 사람들에게 용기를 주는 일이다. 게다가 그것은 본인으로서도 멋지게 죽으려 하는 것은 오히려 공포감이나 고통에서 스스로를 구하는 힘이 될지도 모른다.

그러나 죽음의 공포를 정면으로 느끼며 죽고 싶지 않다고, 죽는 것이 두렵다고 울부짖는 것도 그 나름으로 좋은 것이다. 인간은 자식 세대에게 절망도 가르쳐야 한다. 밝은 희망만 전해주는 것은 형평에 어긋나기 때문이다.

일생 동안 사회를 위해서, 처자를 위해서 훌륭하게 활동해온 사람이 그 보수로서 전혀 걸맞지 않는 고통스런 죽음을 맞이하게 되었다든지, 혹은 학자가 머리가 이상해져서 '이 사람이 어떻게 이럴 수가'라고 생각할 정도로 이상한 행동을 하든가 하면 참담한 종말이겠지만, 그것 또한 하나의 삶의 방식임에 틀림없다.

요컨대 죽음의 방법은 어떻게 되든 상관없다. 온 힘을 다해 죽는다. 그것을 보여주는 것이 노인에게 유일한, 어느 누구에게라도 가능한 최후의 남겨진 일이다.

죽는 날까지 활동할 수 있는 것은 최고의 행복

일을 한다는 것에 대해서 노인은 더 허심탄회하게 받아들여야 한다. 막상 일을 시키면 싫어하면서도 '일할 곳이 없다'는 등 불평을 해서는 안 된다. '일을 하고 싶기도 하고, 게으름을 피우고 싶기도 하고' 이런 것이 장년이든 노년이든 사람들 마음속에 많은 부분을 차지하는 것은 아닐까?

일반적으로 말해서 일할 곳이 있고 일할 능력을 어느 정도 갖고 있다면, 일할 수 있다는 것에 대해 감사해야 한다고 나는 생각한다. 노인을 일하게 하는 것은 체면이 깎인다는 이유로 무리하게 사회로부터 은퇴시키는 가족도 있으나 그것은 잔혹한 일이다. 그러나 나이가 들어감에 따라서 사회적으로 막중한 책임을 갖는 직위에서는 노인 스스로가 물러설 줄 아는 마음가짐을 갖는 것이 바람직한 일이겠지만.

노인이 사회에서 일할 자리를 잃는 한 가지 이유는 노인 스스로가 '이렇게 늙은 몸에게 일을 시키다니 너무하다'고 생각하는 마음을 갖는 경우이다. 저마다의 취향과 생활 방식이 다르기 때문에 타인의 생활까지 참견할 수는 없지만, 일할 수 있는 영광은 인간으로서 최상의 것이라 생각된다. 나도 죽는 날까지 무엇인가를 하면서 활동하고 싶다.

육체적 노동과 더불어 두뇌의 노동도 실로 중요하다. 육체보다는 뇌의 노화가 빠르게는 40대부터 시작되는 사람을 가끔씩 본다. 기억력이 나쁘다든지 사람의 이름을 잊어버린다든지 하는 것이 아니다. 회의 등에 참석해서 큰 흐름을 파악하지 못하고 사소한 것에 고집을 피우거나 혹은 타인의 입장을 이해하지 못하고 무관심하든가, 속 좁은 행동을 하고, 어떻게 해서든지 억지로라도 자신의 입장을 상대에게 인정하게 하려 든다. 가정 주부는 책을 읽지 않게 되고 연구심이 결여되며, 끈기가 없어지고 쉽게 남의 소문을 믿으며 그것을 화제로 삼으려 하게 된다.

두뇌를 단련시키는 최상의 방법은 끊임없이 저항의 상태에 자신을 놔두는 것이다. 다시 말해서 불쾌한 생각을 체험하는 것이다. 가정은 이런 면에서 방파제 안과 같아 도리어 나쁜 환경이다.

주위 사람들로부터 불쾌한 일을 당하게 되어 화가 치밀어오른다면 마음으로부터 감사할 일이다. 그만큼 심신에 활력을 주는 일은 없기 때문이다.

돈이 다 떨어지면 최후에는 길에 쓰러져 죽을 각오로

돈이 얼마 없는 노인들이 몇 살까지 살지 알 수 없으므로 지금 있는 돈을 쓸 수 없다며 아무것에도 쓰지 않고 평생 검약만 하면서 살고 있는 예들이 실제로 많이 있다.

물론 이론적으로 인간은 120세까지 살 수 있는 가능성이 있다지만, 나는 나 자신에게 그런 재능이 있을 거라고는 생각하지 않기 때문에 평균적 수명을 예상하여 그 나이까지 내 돈을 전부 써버리고 죽을 수 있는 처지가 되었으면 하고 바란다.

노인들이 돈에 집착하는 이유는 자식이나 사회로부터 버림받았을 때 최후로 의지가 되는 것은 돈밖에 없다는 생각에서 나오지만, 그 정도로 비참한 경우를 당하게 되면 돈이 있더라도 별로 뾰족한 수가 없다.

만일 돈을 다 써버린 후에도 목숨이 붙어 있고 그런데도 주변에 자신을 돌보아줄 사람이 아무도 없다면, 그때야말로 더 이상 이런 박정한 세상에 살 필요가 없는 것이 아닌가?

그러한 때 나는 단벌 신사로 무작정 걸어 나갈지도 모르겠다. 목적도 없이 단지 '이 길이다'라고 생각한 방향으로 힘이 다할 때까지 걸어가는 것이다. 도중에 비도 만나고 기력이 다해 병이 든다 할지라도 노인이라면 그렇게 오랜 시간 동안 고통받지 않고 결말이 나게 되는 법이다. 그 최후의 행진은 정말 마지막 행진이지만, 최후의 곤충의 죽음처럼 그렇게 나쁘지만은 않을 것 같다는 생각이 든다.

그것은 결코 가출의 권유도 아니고 자살의 권유도 아니다. 자식이 하나라도 있으면(사회가 구제해주지 않는 경우) 자식이 있는 곳으로 굴러들어갈 일이다.

단지 이 최후의 행진 후에 길에서 쓰러져 죽을 결의만 할 수 있으면 그 이상 두려운 것은 없을 것이다. 돈도 적당히 쓸 수 있는 마음을 갖게 될 것이다. 그것이 싫다면 찔끔찔끔 돈 내놓기를 주저하고 일전 한 푼 쓰지 않다가, 손도 대지 않은 채 남겨두고 딱하게 죽는 도리밖에 없다.

돈도 의지할 사람도 없게 되면 주위 사람에게 신세질 일이다

이러한 상태가 가까운 미래에는 있지 않기를 바라지만 역시 늘 가능성으로서 생각해둘 필요가 있다. 예전에 나와 가까운 사람 중에 어떤 이유가 있어 갓 태어난 아기를 데리고 남편과 헤어진 사람이 있었다. 갓난아이가 있으므로 일을 하러 나갈 수도 없었고 돈도 없었다. 그녀는 갓난아이를 시설에 맡기기 위해 많은 노력을 했으나 여러 가지 제약이 있어서 잘 되지 않았다.

요즘에는 이러한 경우 어떤 엄마는 갓난아이를 길에다 버리기도 하지만, 그녀는 지혜도 있고 배짱도 두둑했다. 그녀는 복지 사무소에서 갓난아기와 함께 연좌 데모를 했다. 그리하여 다음날부터 아이를 가까스로 유아원에 보내는 데 성공했다.

돈도 의지할 연고자도 아무것도 없는 노인이 어떠한 이유로 생활을 할 수 없게 되었다면 알고 지내는 모든 사람이나 주변 사람에게 염치 불구하고 매달리거나 그들 중 누군가의 거처에 굴러 들어가면 된다. 약간은 거친 사고 방식인지 모르지만 그것이 지금까지 살아온 인간의 권리라고 생각한다.

그렇게 막다른 지경에까지 몰아넣지 않도록 사회적 배려를 해준다면 그 이상 더 좋을 것은 없으나, 아무 말도 못하고 조용히 죽어갈 정도라면 주위의 사람에게 신세를 지는 것이 도리어 의무이다.

행복한 일생도, 불행한 일생도 일장춘몽

참으로 무책임하다고 말할지도 모르지만, 인간에게 일생 동안 행복
감의 총량은(당사자가 생각할 때) 모두들 별반 차이가 없는 것이라고 나
는 생각한다. 전혀 아무런 부족함이 없어 보이는 사람일수록 불만의 정
도가 강한 경우도 있고, 그것은 당사자의 마음가짐에 문제가 있다고 말
할 수 있겠지만 행복이란 주관적인 것이기 때문에 결국 당사자는 불행
하다.

어렸을 때 나는 격렬한 공습이 있고 난 후의 한순간을 행복하다고 느
꼈었다. 얼굴은 그을음투성이에 소화(消火) 작업을 했기 때문에 몸은 흠
뻑 젖어 있었으며 도중에 신발이 벗겨져서 발바닥은 상처투성이였다.

아직 추운 계절이었다. 태양은 연기로 누렇게 보였다. 나는 추워서
벌벌 떨었으며 공복을 채워줄 맛있는 것이 있을 리 만무했다. 다음 공습
때 죽을지도 모를 거라 생각했으나, 그래도 나는 살아남아 있게 된 것을
행복하다고 느꼈다.

객관적으로는 아무리 불행한 상태 속에 있어도 이런 저런 형태로서
구제되어질 수도 있고, 어떠한 영광의 빛 속에서도 불안은 잠재되어 있
는 것이다.

구우카이(空海)는 『비장보론(秘藏寶論)』에서 다음과 같이 기술하고 있다.

"이 세상의 광인들은 미친 것을 알지 못하고, 모든 생명 있는 맹자(盲者)는 눈먼 것을 깨닫지 못한다. 태어나 태어나 태어나는 생의 시작에서 어둡고, 죽어 죽어 죽어 죽어가면서 마침내 죽음의 종말에 또 어둡도다.

다시 말하면 우리들은 아무것도 볼 수 없을 것이리라. 우리들이 이 세상에서 확실하게 손에 넣고 경험한 모든 것들도 과연 그만큼 중요한 것이었을까?

나는 분명히 무지개를 보고 미소 지었으며 환영에 시달려 괴로워했던 것이다(그러나 내가 타인에게 가한 악은 상당히 확실하게 실제로 있었던 것이겠지만)."

구우카이(空海)는 그래도 목청 높이 부르짖는다.

"공(空)은 즉 허상의 근본. 허상은 존재하는 것이 아니나 허상 그 자체로 이 세상의 모든 것을 이루며, 절대적인 공(空)은 공이 아니나 공으로 존재하지 않나니."

어느 누구라도 나쁜 일생만은 아니었다고 생각하는 것은 가능하다. 사형수라도 그렇게 생각할 가능성이 있는 것이다. 이 세상은 무엇보다도—결코 완전하지는 않지만—재미있었다.

나는 이 나이가 되었지만 별대수롭지 않은 일에도 잘 웃는다. 슬프거나 괴로운 일조차도 우습게 생각된 적도 있다.

반대로 아무리 좋게 보이는 것도 결코 좋은 일만 있는 것은 아니다. 사이가 나쁜 부부는 한 사람의 죽음으로 남은 한 사람이 확실히 구제되지만, 사이가 좋은 부부는 한 사람의 죽음으로 인해 남은 한 사람은 살아가면서 죽음의 고통을 맛보지 않으면 안 된다.

이제 이만큼 써왔으면 나는 이를테면 모든 것이 귀찮아진다. 번거롭고 귀찮다는 면에 있어 나는 죽음을 하나의 안식처로 생각하고 싶은 것이다.

죽음으로서 얻을 수 있는 가능성을 행복으로 생각할 일

무신론자라면 전혀 상관 없다. 죽으면 무(無)로 돌아간다는 생각도 하나의 용기인 것이다.

그러나 나 개인으로서는 좀더 적극적으로 죽음을 생각하고 싶다. 그것은 만년의 미켈란젤로의 말이 지극히 잘 나타내주고 있다.

"생명이 우리들에게 바람직한 것이라면, 죽음 또한 우리들에게 있어서 불쾌한 것일 리가 없지 않은가? 왜냐하면 죽음이란 생명을 창조한 거장의 똑같은 손으로 만들어진 것이기 때문에…."

이것을 하나의 달콤한 꿈이라고 말한다면 그뿐이겠지만 나는 역시 사후의 재회를 즐거운 마음으로 기다리고 싶다. 나는 이 사람 저 사람 모두를 저세상에서 만나길 원한다.

그리고 그렇게 생각할 수 있다는 것은 정말로 즐거운 기대이다. 특히 장수하면서 배우자나 자식이 먼저 세상을 뜬 사람의 경우 죽음이란 다름 아닌 재회의 기회일 것이다. 어째서 공포나 슬픔을 느낄 필요가 있을 것인가.

종교에 대해 마음과 시간을 할애할 것

성묘, 사찰 참배, 스님의 설법을 들으러 가는 것 등에 시간을 쪼개 쓰는 노인을 보고 있노라면 나는 젊었을 때부터 참 아름다운 일이라 생각했다. 나는 뭐든 자연스러운 것이 좋다.

젊은 날에는 학문이나 일에 얽매어 그러한 일을 소홀히 하게 된다. 그러나 나이가 들면 인생을 돌아보고 점검하는 기회를 만든다. 나의 경우로 말하자면 나이를 먹어갈수록 기도 시간을 늘려가야겠다고 생각한다.

그러나 병의 고통이 있으면 더 이상 기도도 할 수 없게 된다는 것을 나는 계산에 넣지 않았다. 그러므로 자신의 영혼을 위해서 기도하는 일은 오늘부터, 다시 말해서 조금이라도 건강할 때부터 바로 시작하는 것이 좋다.

나는 매일 밤 기도를 제대로 할 수 없을 때라도 "오늘에 이르기까지 감사했습니다"라는 단 한 마디의 신에 대한 감사만이라도 드리기로 하고 있다.

종교적인 것에 관심이 없는 것 자체는 전혀 상관이 없으나, 그러한 사람은 어딘지 자포자기적이며 자기 현시의 욕망이 강하고 불만이 많은 듯이 보이는 것은 참 묘한 일이다.

원래 일본인의 종교적 행위는 결코 그 사상이나 철학을 위한 것이 아니고 '대단히 마음을 즐겁게 하고 위로하는 일'이라는 것에 대해서는 루스 베네딕트가 『국화와 칼』 속에서 일찍이 써왔던 것이다.

과거 일본 사회에 있어서 유희는 악덕이었다. 그것을 속이기 위한 역할을 한 것이 사찰 참배를 비롯한 일련의 종교적 행사에 참여하는 일이었다. 그런 것들이라면 '유희'로 간주되지 않고 오히려 이를 제지하는 일에 대해서는 사회적 비난을 받는 경우도 있으므로 노인도(때때로 젊은 여성들도) 그러한 기회를 많이 이용했던 것이다.

분명히 그런 것들은 진정한 의미에서 종교적 행위라고 말하기 어려울지도 모른다. 그러나 적어도 그것은 외출의 목적, 사교의 목적이었다. 그리고 목적을 갖는다는 것은 아무런 목적 없이 사는 생활이 정신에 끼치는 악영향을 생각한다면 사실상 건전한 것이다.

한평생 부단히 노력한다

시몬느 드 보봐르는 『노년』이라는 책에서 "노인들은 사회가 그들에 대해 만들어놓은 이미지에 합치하도록 요구되어진다"라는 말에 대한 분노를 토로했다. 그러나 그것은 다소 일방적인 견해이다. 앞의 글의 '노인'이라는 단어는 어떤 것과도 바꾸어놓을 수 있다.

'아가씨'라도 '아내'라도, '한창 일할 나이의 남자'라도 상관 없다. 사회가 인간의 연령대에 따라 바람직한 상을 설정했다 치더라도 어쩔 도리가 없으며, 그것은 모든 인간이 공통적으로 받아들이지 않으면 안 되는 입장인 것이다.

'한평생 부단히 노력할 것'이라는 말은 젊은 세대의 비위를 맞추는 행동을 하라는 것은 결코 아니다. 그것은 나이에 관계없이 인간의 문제인 것이다. 인간이 인간을 포기하는 때까지(즉 의식을 잃어버릴 때까지) 모든 직업, 모든 연령, 모든 입장, 모든 성격의 인간에게 공통적으로 부과되어진 인생을 진하게 음미하는 방법인 것이다.

나는 결코 노력한다는 말을 도덕적으로 사용하고 있는 것은 아니다. '다른 사람에게 도움이 되는 것'이라는 말도 지금으로서는 정의하기 어렵다. 노력한다는 것은 삶을 받아들이는 방법인 것이다. 노력하고 있느

냐 아니냐는 결코 외부에서 판단할 수 없다.

어떤 무뚝뚝한 사람이 축하연에 왔다. 그 사람은 주위 사람들에게 화를 내고 있는 것처럼 보였다. 그러나 실은 그가 선천적으로 사람들 속에 나서는 것을 꺼리는 성격의 소유자였던 것이다. 그런 그가 그렇게 기분 나쁜 듯 앉아 있었지만, 그로 말하면 친구의 기쁜 일을 축하해주기 위해 다른 사람보다 갑절 노력을 하고 있는 것이었다.

노년의 가장 멋진 일은 사람들 간의 화해

이것은 알퐁스 데깽 신부의 저서에서 배운 것이지만 나는 이 점을 좀 비겁하게 생각해보고자 한다. 원래 화해란 실로 어려운 것이다.

일찍이 화해하지 않으면 안 되는 상태에 빠진 경험이 있다는 것은 일종의 절망에서 시작한 것이므로(나의 경우는). 거기에서 재차 서로 이해할 수 있는 기대의 통로를 만든다는 것이란 보통의 노력으로서는 어려운 일이다.

그러나 노년은 다음의 두 가지 이유로 그 일을 어느 정도 쉽게 해주고 있다.

첫째로 이 세상은 자신이 알고 있는 것뿐만이 아니라는 사실이다.

나는 이 세상에서 알아서 기뻤던 일도 있지만 결국 끝내 알지 못하고 만 것도 많다. 아는 것이 좋은 것은 당연하지만 내 능력이 없으면 모르는 채 죽을 수밖에 없다. 나는 이러한 사정을 이해하고 있기 때문에 상대의 생활 방식을 모른 채로 화해하는 것이 가능할지도 모른다고 생각하게 되었다.

두 번째로 이제 남은 시간이 얼마 없다는 것은 참으로 편리한 것이다.

누구라도 젊었을 때는 남편의 애인, 시누이나 시동생, 정이 안 가는 상사 등 이 모두가 앞으로 오랜 기간 동안 자신을 괴롭히는 존재가 될 수 있었다. 그러나 그러한 사람들도 내가 노년이 된 즈음에는 더 이상 나를 본질적으로 괴롭히는 존재는 되지 않는다. 아직까지도 괴롭히고 있다 하더라도 그것은 이미 시간 문제인 것이다. 그러므로 화해하는 것이 가능하다고 생각한다.

물론 이것은 상당히 근사한 생활 방식이지만, 반면에 오랫동안 틀어졌던 것을 이제 와서 새삼스레 화해할 필요가 있냐고 생각할 수도 있다. 그러나 암 환자가 호스피스에 들어가 최후의 3, 4주일에 할 수 있는 일 가운데 가장 중요한 것은 사람들과의 화해라는 것. 이것은 중대한 진실을 말해주는 것이다. 나도 훌륭한 인간이 되었으면 하고 바라고 싶다.

덕망 있는 노인이 될 것

'덕'이란 젊었을 때에는 몸에 배기가 쉽지 않으며, 나이 들어서야 비로소 '덕'이 생겨나는 것이다.

이 조항은 무신론적 입장과 근본적으로 대립하는 것임을 먼저 분명히 해둔다. '덕'이 있다고 하면, 어떤 사람은 '가까이 하면 무엇인가 얻을 것이 있는 노인을 말하는 것이로군요' 라는 반응을 보인다. 그러나 그것은 '덕(德)'이 아니라 得(득)이다(일본어로는 '德'과 '得'의 발음이 같음).

가기만 하면 반드시 돈을 주는 노인이 되는 것도 인기를 유지하는 한 가지 수단일지도 모른다. 그러나 금전이 개입하게 되면 인간 관계는 반드시 한쪽으로 치우치게 마련이다. 돈을 목적으로 와주는 사람은 누구나 별로 만나고 싶지 않을 것이다.

'덕'을 도덕으로 생각한 사람이 있었다. 도덕은 사회 형상과 더불어 변화하는 부분이 있으며 어디까지나 인간을 대상으로 하는 것이다. 다른 인간이 있고 나서의 도덕인 것이다. 그러나 진정한 의미의 덕이란 울창한 산림 속에서 단지 혼자 산다 해도 마땅히 있어야 하는 것이다.

덕을 딱히 무엇이라고 규정하기는 어려운 일이지만, 모든 세속적 유효성을 목적으로 하지 않는 덕을 일종의 허튼 소리처럼 생각하는 사람에게 (그렇게 생각해도 별상관 없지만) 오직 한 마디 생 텍쥐페리의 이 말을 인용해주고 싶다.

"신이 존재하지 않아도 상관치 않는다. 신은 인간에게 신성함을 부여해주는 것이다." (『수첩(手帳)』)

도덕과 덕은 대단히 흡사한 것 같지만 전혀 다른 것이다. 나는 옛날부터 도덕이라는 것을 믿지 않았다.

남의 물건을 훔치지 않는 것은 반드시 지켜야 하는 것이지만, 나는 10대 정도의 나이 때부터 정말로 먹을 게 없을 때에는 물건을 훔치라고까지 배웠다. 학교나 부모로부터 그렇게 교육받은 것 같은 기억이 있다. 물론 그 이전에 다른 사람에게 동정을 호소하고 할 수 있는 모든 것을 다 해보았으나, 결국 아사 직전까지 왔다면 '할 수 없이 훔쳐라'라는 것이었다.

그런 경우도 가능한 한 눈에 띄기 쉬운 행동으로 물건을 훔친다. 그렇게 하면 반드시 그 집 주인이 나를 경찰서에 끌고 갈 것이다. 구치소에 들어가게 되면 콩밥을 얻어 먹으며 연명하는 것이다.

산다는 것은 인간의 권리이자 의무이다. 그러므로 "사람을 죽이지 않는다"라는 등의 말은 이미 도덕 따위의 일종의 규칙이 아니다. 인간 존재의 근본을 떠받치는 힘이다.

덕이란 자기 존재를 영원성 속에 어떻게 정립하는가에 달려 있다. 사

250

족일지 모르나 덕이란 타인의 평가를 목표로 하지 않는다. 목표로 하지 않는다기보다는, 하는 것이 불가능한 것이다. 따라서 평가도 완전히 그 사람의 미학적인 마음의 인식에 기인하는 것이다. 자신이 얼마만큼 훌륭한 일을 해왔느냐 하는 것을 멋대로 결정짓는 것은 아니다.

덕이란 결과를 생각치 않는다. 덕은 목표에 초점을 두는 것이다. 실패해도 아랑곳없이 자신의 미(美)의 궁극을 향하는 것이다.

그런데 미라는 것도 그 당사자에게밖에는 의미가 없는 것이다. 피카소의 작품 앞에서 정말로 감동하는 사람이 있으나 그렇지 않은 사람도 있을 것이다. 미를 신(神)이란 말로 바꾸어놓았을 때, 거기서 처음으로 덕이란 것이 '도덕' 처럼 메마르고 소심한 것이 아니고 충분한 생기와 윤기를 머금은 인간적인 목표라는 것을 이해할 것이다.

덕이란 진정한 의미의 에고이즘이다. 그러나 그 에고이즘이란 타인을 향한 자연스런 온정의 확산성을 지닌 에고이즘이다. 흔히 말하는 에고이즘이란 타인으로부터 빼앗아 자신을 최종 목표로 삼는 수렴성의 에고이즘을 가르킨다.

구체적으로 '덕성이 있다', '완전한 덕의 상태에 있다' 란 무엇을 의미할까? 하나의 기준은 자신을 주장하는 바가 얼마나 적은가일 것이다.

일본풍으로 다소 비약해서 번역한다면 제아미(世阿彌)의 "드러내지 않으면 꽃이요, 드러내면 꽃이 아니다" 라는 뜻이 될 것이다.

이미 죽음을 눈앞에 두고(자신이 이 세상에 태어났다는 발자취를 어딘가에 남기고 싶을 때에) 자신의 생을 어떤 형태로든 주장하지 않을 것. 바람 속으로 사라져가는 듯한 기색, 그러한 엄청나게 자연스런 생활 철학은 자기를 버리고 겸허하고 순수한 마음을 가질 수 있는 강인함과 영리한 통찰력이 없으면 불가능한 것이다.

이 항목은 내게는 어쩌면 결코 불가능할지도 모른다. 그러나 희망하면서 이루지 못한 안타까움을 느끼는 것도 나쁘지는 않을 것 같다. 완전한 덕을 노년에 기대하는 것은 스스로의 구제를 위한 것이지 절대로 대외적인 수단은 아니다.

노년의 고통이란 인간의 최후 완성을 위한 선물

40세를 넘어서면 인간은 날마다 조금씩 조금씩 당사자는 느끼지 못하더라도 늙어간다. 아니 화장품 회사의 선전에 의하면 인간은 25세부터 늙기 시작한다고 한다.

5,60세를 넘으면 인간은 승산이 없는 싸움에 말려드는 것이다. 즉 인간은 이제 젊어진다는 것은 결코 불가능한 것이니 앞으로 체력은 날로 약해지고, 능력도 쇠퇴되며, 미모(?)는 간데 없고, 병의 치유도 점차 어려워지게 된다. '별로 나쁜 짓도 하지 않았는데 왜 이렇게 비참한 지경을 당해야 하나' 하고 불평하고 싶을 정도이다.

그러나 인간은 행복에 의해서도 충족되지만, 괴로움에 의해서도 더욱더 크게 성장한다. 특히 자신의 책임도 아니며, 까닭도 없는 불행에 직면했을 때만큼 인간이 크게 성장하는 시기도 없다. 노년에 일어나는 이런 저런 불행도 바로 이러한 시련인 것이다.

만일 내가 그러한 불행을 젊었을 때 경험했다면 나는 그것을 어떻게 처리해야 좋을지 몰라서 자살해버렸을지도 모른다. 그러나 40년, 50년, 60년 혹은 그 이상의 체험은 우리에게 그것을 받아들이는 능력을 마련해준다.

다시 말해서 노년의 괴로움이란 (내 방식으로 말한다면) 신이 우리들에게 견딜 수 있는 힘이 있다고 확신하고 부여하신 사랑인 것이다.

이 세상에 대한 미련을 남기지 않는다

나의 경우 이것은 사실상 손쉽고 자연스럽게 할 수 있는 일이다. '디어 헌터' 라는 영화는 지옥과 같은 베트남 전투에서 미군들(평범한 행복감에 충만된 미국 지방 도시 출신자들)의 악몽 같은 생활을 그린 것이지만, 그것을 보고 나는 내 어린 시절의 생활과 똑같다고 생각했다.

나의 일생은 피할 수 없는 악몽의 연속이었다. 그래서 나는 자아가 형성될 무렵 이미 '이 세상을 산다는 것이란 이런 것일 테니 살아 있지 않아도 좋은 세상' 이라는 모습으로 받아들이고 있었다.

내가 나 자신에게 주어진 생활을 다른 사람보다 더 밝게 표현할 수 있는 인간이라는 사실에 생각이 미친 것도 극히 최근의 일이다. 그것은 나의 성장 과정이 나의 눈과 마찬가지로 어두웠기 때문이다.

나의 눈은 빛에 민감하지는 않았지만, 나의 마음은 어두웠던 청춘 시절로 인해 빛에 민감해져서 아주 작은 빛을 표현하는데도 늘 신선한 기쁨으로 충만했던 느낌이 든다.

그러나 성장 과정이란 대단히 무서운 것으로, 나는 지금도 인생의 본래 모습은 무겁고 어두운 것이라고밖에 생각하지 않는다. 인생의 불행한 부분과 그 기억이야말로 손쉽게 죽음을 맞이할 수 있는 가장 유효한

원동력인 것이다.

그러나 죽음의 준비를 위해서 '이 세상은 별볼일 없는 곳이다', '인생은 참담한 것이다' 라고 생각하는 습관을 기르라고 하는 말도 또한 부질없는 소리이다. 간혹 나와 같이 생각하는 사람이 있다면, 그 사람은 운이 좋다고 생각하라고 말해두고 싶다.

최후까지 살아보지 않으면 알 수 없는 것이다

어느 부자의 임종에 대해서 이야기를 들은 적이 있다. 그 사람이 어떤 집안 출생이었는지 나는 잘 모른다. 그러나 전쟁 전에 재벌의 아들이라는 이야기는 들은 적이 없으므로 자수성가해서 현재의 지위에 선 사람으로 보아도 좋을 것이다.

친구가 병상에 병문안 갔을 때 그는 이미 산소 텐트 속에 있었다. 그렇지만 친구들의 얼굴을 보자 그의 얼굴에 어떤 표정이 스쳐 지나갔고 친구들은 가족의 권유로 산소 텐트 속에 얼굴을 들이밀었다. 그러자 그는 집게손가락 하나를 펴고는 무엇인가 중얼거렸다. 두세 번 되물어서 친구들은 가까스로 환자가 "1억 엔, 1억 엔"이라고 말하는 것을 알 수 있었다. 그의 작년도 수입이 1억 엔이었다는 것이다.

"아 그래. 그랬나?"

친구는 그의 손을 꼬옥 잡았다. 그러자 환자는 다시 한번 힘을 쥐어짜듯 하면서 다섯 개의 손가락을 펴 보였다.

그것은 5만 엔이라는 말이라고 가족이 알려주었다. 즉 수입이 1억 엔에서 5만 엔 모자랐다는 것이며, 그게 유감이라고 환자는 호소하고 있던 것이었다.

"5만 엔 더 어떻게 해서든 채워주었더라면 좋았을 걸."

친구들 중 한 사람이 말했다. 1억 엔을 목표로 하는 것도 하나의 인생의 의미가 될 수 있을 것이라고 생각했다. 그리고 나는 만난 적도 없는 그 사람이 조금 좋아졌다. 그러나 생각해보면 '9,995만 엔 정도의 수입이 있다면 충분한 것 아닌가' 라고 생각하는 것은 나의 일방적인 견해로, 그에게는 5만 엔이 부족한 탓에 죽으려 해도 죽을 수 없었을지도 모른다.

살아가는 목적은 저마다 다른 것이므로 타인에게 뭐라 말할 수 있는 것은 아니다. 그러나 이 문제에 관한 한 장황한 설명보다는 프랭클의 『죽음의 수용소에서』속에 표현된 에피소드가 그것에 대해 충분한 해답을 내려주리라 생각한다.

완전히 제멋대로 생활하던 한 젊은 여성이 어느날 뜻하지 않게 강제 수용소에 보내졌다. 거기서 그녀는 병이 들어 날로 쇠약해져 갔다. 죽기 며칠 전에 그녀는 다음과 같이 말했다. "나에게 이런 고통을 준 운명에게 지금에 와서 나는 감사하고 있습니다. 예전의 부르주아적인 생활에서 나는 분명히 방탕한 사람이었습니다. 나는 여류 작가인 척 거드름피우며 성실과는 거리가 먼 사람이었습니다."

점점 다가오는 죽음을 그녀는 확실하게 의식하고 있었다. 그녀가 누워있던 병동의 침대에서는 창을 통하여 때마침 꽃이 핀 가스타니안 나무를 볼 수 있었다. 그리고 그녀의 머리맡에서 두 개의 양초 같은 꽃이 달린 가지 하나가 보였다.

"이 나무는 나의 고독에 있어서 유일한 친구입니다." 라고 그녀가 말했다. "이 나무와 나는 이야기를 나눈답니다."

도대체 그녀는 환각(幻覺)에 시달리고 있는 것일까, 혹은 의식 장애 상태인 것일까? 그녀는 '나무가 대답해준다' 고 말하는 것이다. 그러나 그녀는 의식 장애 상태는 아니었다.

그렇다면 이 기묘한 '대화'는 무엇이었을까? 꽃이 핀 나무가 죽어가는 여성을 향해서 무엇을 '말했다'는 것일까?

"나무는 말했습니다… 나는 여기에 있다… 나는 여기에 있다… 나는 생명이다. 영원한 생명이다…."(시모야마토쿠지(霜山德爾) 역)

이 젊은 여성은 병들어 죽음을 눈앞에 두고 예전에 지녔던 모든 화려함을 잃어버린 채인 데다가 아무도 도와줄 사람도, 방법도 없었다는 점에서 노인과 똑같은 상태로 보아도 별 지장이 없다.

그러나 그녀는 한 그루의 가스타니안 나뭇가지에서 인생의 의미를 깨달았던 것이다. 그날을 위해서 그녀는 살아 있어서 좋았던 것이다. 그러나 이러한 형태로 자신이 인생의 의미를 발견하리라고는 그녀 자신도 생각하지 못했을 것이다.

안락사를 거부하는 이유에는 오직 하나 이 점이 있을 뿐이다. 최후까지 살아보지 않으면 알 수 없는 것이다. 최후의 한순간에 그 사람이 살아온 의미의 해답이 나올지도 모른다. 그 가능성을 도중에 빼앗아버릴 권리는 누구에게도 없는 것이다.

노년을 특수하거나 고립된 상황으로 생각하면 안 된다

노년은 인간의 일생 중 연속된 하나의 과정에 지나지 않으며, 이런 모습을 총괄적으로 파악하지 못하면 인생도, 노년도 파악할 수 없다.

헨리 제임스의 『초로』라는 단편에 다음과 같은 대화가 있다.

"그야 그렇지. 실패한다는 것은 문제가 되지 않아. 살아간다는 것은 실패해간다는 말이거든."

닥터 휴가 말했다.

"암 그렇지. 그런 것은 금방 지나가버리고 마는 것이야."

텡구움의 말은 거의 알아들을 수 없을 정도였다."(다나카이스즈(田中五十鈴) 역)

노년은 반드시 지나야 할 하나의 과정인 것이다. 처음부터 노인으로 태어나는 사람은 특수한 환자가 아닌 한 보통은 있을 수 없다. 이것을 생각하지 못하고 노년만을 떼어내 문제를 삼으려고 할 때 거기서 인간은 자기를 상실하고 노년의 절망과 분노가 생겨나게 된다.

인간의 일생을 (신으로부터 부여받은) 하나의 시간의 경과로 보지 않고, 어떤 시기만을 별개로 집어내어 문제를 삼는다면 무능한 노인이 참혹한 취급을 받는 것은 오히려 당연하다고 할 수 있다. 그러나 사실은 인간의 일생에서 성장기가 필요하듯이 인간 정신의 완결을 위해서 조락(凋落)의 시기도 또한 필수 불가결하다.

이 불완전성과 벗어나고 싶은 고통을 모든 인간이 실감할 수 있는 구조가 다름아닌 노년이라는 형태로 만들어져 있기 때문에 인간은 인간으로서 남과 같이 고뇌하고 생각할 수 있게 된 것이다. 그러므로 조락이란 오히려 인간에 대한 어떤 사랑이기조차 한 것이다.

일생의 연속성에 대해서 대단히 아름답고 선명하게 설명하고 있는 것이 막스 피카트의 『우리들 자신 속의 히틀러』이다. 찰나적으로 살며 인간으로서 과거를 기억하고 고민하며 미래를 예견하고 공포감을 느끼는 기능을 상실한 나치스의 폐해를 적나라하게 파헤쳐 보인 작가는 '청춘과 노년의 파괴' 라는 장에서 노년에게도 따뜻한 희망의 빛을 보내주었다. 약간 길지만 그 전반부를 인용하고자 한다.

연관성 없는 세계에서는 청년은 단지 그들이 자유 분방하며 찰나적인 까닭에―다시 말해서 청년의 경우는 정신보다 오히려 심리적, 자연적인 면이 눈앞에 보이기 때문에―의의를 인정 받고 있다. 요컨대 청년의 제반 특성 중 단지 이 무연관적인 세계의 구조에 합치되는 것만이 의의가 있다고 간주된다. 그러므로 청년은 그들의 진정한 본질로서 의의가 있다고 간주되는 것이 아니라 단지 그들의 외적인 구조 때문에―그들이 무연관적이고 동적인 이유만으로―의의를 인정받고 있다.

그리고 사람들은 청년을 단지 외적인 면, 찰나적인 면만을 평가하기 때문에 사람들 또한 그들을 그런 식으로 취급한다. 사람들은 청춘 뒤에는 반드시 성년기, 노년기로 이어져야 하는 것을 완전히 무시하고 청년에게서 단지 찰나적인 것만을 끄집어내어 그들을 단지 찰나적인 면으로만 취급하는 것이다.

그리하여 사람들은 제멋대로 청년을 소모품 취급하고 청년을 최악의 전쟁터로 내몰아서 가장 비참한 죽음을 맞도록 이끈다. 연관성을 상실한 이 세계에서는 어떤 연속성도 없는 것이다. 그렇다면 청년을 소중히 여길 필요성 따위는 어디에 있단 말인가!

찰나적이고 비연속적인 이 세계에 있어서 노인—그 본질이 시간의 흐름 속에서 부단히 쌓아올린 경험에 뿌리내린 노인, 시간의 지속성과 연관성을 명료하게 구현하는 노인—은 이미 그 어떤 의의를 갖고 있지 않다. 여기서 노년은 단지 인생의 종말에 와 있는 인간에 지나지 않는다.

사람들은 인생의 시작과 중간 부분에 대해서는 전혀 무관심하다. 인생을 하나의 전체로—시작과 중간과 종말이 유기체처럼 연결된 것으로 보는 하나의 전체로—보지 않는다.

그들은 노인으로부터 단지 종말적인 것, 다 써서 낡아빠진 것, 다 끝나 치워버린 것, 요컨대 버릴 수밖에 없는 쓰레기로만 보고 있다. 그러므로 히틀러의 세계에 있어서 노인은 (독가스나 폭력을 굳이 사용해가면서까지) 쓰레기로서 제거되는 것이다.

이에 반하여 연속의 세계에서 노인은 독자적 존재만이 아니라 그 독자적 행위도 갖고 있었다.

"노인들이 노후의 위안으로 과수 재배나 양봉 일을 즐거운 마음으로 받아들이는 데는 충분한 이유가 있을 것이다. 그들이 접목을 한다든지 가지에 접붙이는 것 등은 그들 자신을 위한 것이 아니라 전적으로 자손들을 위한 것이다. 자손대에 이르러서야 이 새로 재배된 과수를 즐길 수 있게 되는 것이다."(야곱그림 『노년에 대하여』)

히틀러 시대가 오기 이미 수십 년 전부터 "50세 이상이 되면 이미 젊은 시절처럼 활동적이거나 생기 발랄하지 않으므로"라고 말하는 사람이 흔히 있었다. 이러한 사람들은 히틀러 훨씬 이전에 이미 연관성을 상실하고 찰나적인 생활을 하고 있었던 것이다.

그들은 마치 청춘 다음에 노년이 계속되지 않는다는 듯이 단지 청춘을 위한 청춘을, 고립된 청춘을 살아왔다. 또한 그들은 마치 노년기 이전에는 청춘이 없거나 했던 것처럼 단지 노년을 위한 노년을 살아왔다. 그들은 청춘에는 청춘만의 독자적인 본질이 있고, 노년 또한 노년만의 독자적인 본질이 있다는 것, 그리고 그 본질을 위해서 노년기가 없으면 안 된다는 것을 잊어버리고 있었다. 또한 청춘과 노년이 제각각 다른 본질을 갖고 있음에도 불구하고, 그러면서도 한 사람 속에 단단하게 연결되어 있다는 것도 깨닫지 못했다.

그리고 그들은 청춘은 그대로 노년 속에 흡수되어질 수 있다는 것을 알지 못했다. 이 말은 청춘의 활동성과 활력은 대부분이 전적으로 심리적인 것에 기초를 두고 있으나, 중요한 것은 심리학적 기초가 이미 없어져 버렸을 때도 청춘의 이 활동성과 활력을 여전히 유지해야 한다는 것이다. 노년에 있어서 이 청춘의 활동성과 활력을 회복하는 역할을 하는 것이 바로 정신이다. 청춘에 있어 심리적인 면이 그러했듯이 지금이야말로 정신에 의해 청춘을 다시금 획득할 수 있다.

그리하여 노년은 청춘의 심리적 · 찰나적인 것을 극복하고 그것을 정신에 의해 지속되게 한다. 청춘은 노년과 공존하며 또한 노년은 청춘과 더불어 있다. 즉, 양자는 서로 보완하여 일체를 이루며 서로 손을 맞잡고 있다. 그러므로 인간은 시간에 의해서 청춘을 박탈당하는 일은 없게 된다. (사노토시카쓰(佐野利勝) 역)

장기 기증 등을 통해 자신의 사랑을 남기는 방법도 고려한다

해부용으로 사체를 기증해도 좋고, 부분 장기 기증을 해도 좋다. 그것으로 뒤에 남는 사람에게 도움이 된다면 최고의 영예이다.

나의 어머니가 83세에 돌아가셨을 때, 생전에 희망하신 대로 각막을 제공하고 가셨다. 그것이 남아 있는 가족들의 마음을 얼마나 기쁘게 했는지 모른다. 어머니에게도 이런저런 고집스러운 면도 있었다. 그것으로 괴로워했던 사람도 당연히 있었을 것이다.

그러나 다른 사람에게 시력을 주고 떠나려 했던 어머니가 설마 지옥에 갈 리는 만무하다. 천국의 한쪽 구석에라도 반드시 들어갈 수 있을 거라고 남은 가족들은 생각했다.

내세가 있다는 보증도 없지만, 없다는 보증도 없다. 그러므로 우리들은 있다는 쪽을 믿으며 어머니가 지옥에서 영원히 고통받는 일은 없을 것 같아 진심으로 기뻐했다.

자신의 죽음이 남아 있는 사람들에게
기쁨이 되도록 노력한다

돈, 지위, 이름 등을 남기라는 것이 아니다. 온 힘을 다해 열심히 살고 죽었다는 실감을 자식들에게 심어주는 것이다.

종종 '어차피 너희들은 내가 죽는 것을 바라고 있을 테니까' 라는 식의 비위를 긁는 말을 하는 노인들이 있으나 이러한 말은 인간의 심리를 근본적으로 이해하지 못하든가 상당히 머리가 노화한 경우라든가 둘 중의 하나이다.

분명히 시어머니와 며느리는 마찰을 빚는다. 그러나 그런 것과 죽어버렸으면 좋겠다는 것과는 별개의 문제인 것이다. 왜냐하면 누군가의 죽음을 바라는 것은 인간의 본성과 부합되지 않는 바람이기 때문이다. 인간은 식량의 양이나 주거 면적이 극도로라기보다 비정상적으로 줄어드는 경우라든지, 생명을 위협받을 정도의 정신적 압박이 가해진 경우가 아닌 한 타인의 죽음을 원하지는 않는다. 왜냐하면 인간의 생리를 지탱해주는 모든 구조적 짜임새가 필연적으로 생존의 방향을 향해 있기 때문이며 우리들이 특별히 숭고한 정신 등을 갖고 있지 않더라도 생명에 가담하게 되어 있다. 쉽게 말해서 죽음만은 바라지 않는 것이다.

그러나 전쟁이나 사회적인 범죄 사건 등으로 이렇게 생존의 방향을 향하고 있어야 할 인간 본성이 파괴되어버린 듯한 인간이 많이 나오기는 한다. 그러나 그것은 어디까지나 특수한 예에 불과하다.

다시 말해서 노인들에게 주어진 의무 또한 빨리 죽는 것이 아니고 자신의 수명을 다하는 것이다. 아무리 좋지 않은 사이라도 노인이 천수를 다하지 못하게 되면 누구나 불쾌하다.

70세를 넘으면 언제 죽어도 좋으므로 만일의 경우 모두 술 마시고 노래를 불러달라고 유언하는 노인도 있다고 한다. 장례식에서는 아무도 울지 않아야 한다. 전력을 다해서 살아왔고 나의 삶과 온 힘을 다해 싸워왔으므로 여한은 없다는 정도가 된다면, 죽더라도 살아남은 사람에게 상쾌한 기분을 남겨줄 수 있게 되는 것이다.

후기 오욕투성이일지라도 꿋꿋이 살아가라

병을 앓고 나서야 비로소 시야가 넓어진다

"아직 젊기 때문에 그렇게 말할 수 있는 거다"라는 어느 고령자의 비판의 소리를 들은 후 나는 이 메모를 일단 끝맺지 않을 수 없었다. 나보다 젊은 사람들은 '괜한 쓸데없는 걱정'이라고 생각했을지도 모르겠다.

독자는 내가 이 메모 속에서 준비하고자 했던 것이 아마도 불가능하다는 것을 알아차렸을지도 모르겠다.

실은 아무리 준비한다 해도 우리들은 머지않아 눈이 침침해지고 귀가 잘 들리지 않게 되며 모든 기능이 악화된다. 막상 노년이 도래하면 나는 단지 한 가지 태도밖에는 아무것도 떠오를 것 같지 않다. 그 한 가지란 오욕투성이일지언정 살아가라는 그것이다.

'바람에 흩날리는 부드러운 머릿결, 촉촉한 입술'이었던 소녀의 나날 또한 하나의 상태였다. 눈도 귀도 다 망가지고 대소변을 못 가리며 고통에 괴로워하는 것 역시 하나의 인간 상태인 것이다. 바람직한 상태는 아니지만 마음 가짐이 나빠서 그렇게 되는 것도 아닌데 무엇 때문에 거리끼고 조심해야 하는가?

인간다운 존경심과 능력을 죄다 상실한다 해도 인간은 살아가면 되는 것이다. 존경의 가치나 능력이 없는 사람은 살아갈 수 없다고 한다면, 우리들 대부분은 이미 청춘 시대에 사라졌어야 마땅했다.

뇌성 소아마비의 장애를 가진 아이의 부모가 있었다. 누운 채로 말도 "아아", "으웅"밖에 하지 못했다. "차라리 죽어주었으면 하는 생각도 들겠네요"라고 누군가 이런 말을 해도 화도 내지 못할 정도로 아주 심한 증상이었다.

그러나 이 병을 앓고 있는 아이(이미 십대 후반의 나이지만)는 그의 부모에게는 살아가는 목적과도 같았다. 이 아이는 바깥 세상의 일을 전혀 이해하지 못하는 것처럼 보였지만, 오직 한 가지 맛있는 음식을 받아먹을 때만은 기묘한 탄성을 질렀다. 부부에게는 그것이 유일한 기쁨이었다. 다음에는 무엇을 먹여 기쁘게 해줄까 하는 생각만 했다.

그 아이가 하늘 나라로 갔을 때 그 부인이 말했다.

"믿을 수 없을지도 모르겠지만, 그 애 동생이 우리를 대신해서 이렇게 말했답니다. '형이 죽으니 마치 천사가 사라진 것 같아' 라고요. 다른 사람들은 이런 상황에서 그렇게 말하는 것은 거짓이라고 할지도 모르겠지만, 정말로 그 애 동생이 한 그 말이 우리들의 마음을 잘 대변해주었어요. 그 애는 우리 집안 한가운데에서 빛을 발했고 그 빛이 이제는 사라져버렸다는 느낌입니다. 구멍이 뻥 뚫려버려 그 구멍을 메울 길이 없을 것 같아요."

상식적으로 말해 무릇 인간으로서의 자격을 제반 의미에 있어서는 갖추지 못한 선천적인 환자일지라도 그런 식으로 존엄성을 잃지 않는 경우가 있는 것이다.

아주 힘든 수술을 받은 후 요도의 이상으로 늘 소변을 질금거리는 상태가 된 아름다운 노부인의 이야기를 들은 적이 있다. 그 부인도 평소의 마음가짐과는 전혀 상관없이 그런 비참한 상태에 휘말렸던 것이다. 아무리 늘 조치를 하고 있어도 그 당시 그 집은 집 전체가 지린내로 진동했다고 한다.

이 환자는 노인이지만 그 후 차도가 있었다고 한다. 나는 지린내를 풍기면서도 살아가는 것이야말로 인간이라고 생각한다. 그런 것을 체험하지 않는 것은 인간으로서 최후의 한 가지를 배울 기회를 상실한 게 된다.

안락사의 문제도 종종 세상의 문제가 되곤 한다. 노인들 중에는 류머티즘 혹은 그 밖의 여러 가지 원인으로 고통을 참아내며 살아가는 사람들이 많다. 고통이란 가능한 한 빨리, 할 수 있는 모든 방법을 다해서 없애려고 노력해야만 한다. 완전하지는 않으나마 환자에게 참는 것만을 강요하는 듯한 치료법은 점차 줄어들어가는 것 같다.

그러나 죽음이 확실하게 예기되는 경우, 비용도 들고 고통도 오래 계속되어 당사자까지도 죽음을 희망할 때 '왜 그것을 허용하면 안 되는가' 라는 문제가 생겨난다. 나 자신 제일 먼저 안락사를 희망할 성격의 사람이라는 것을 잘 알고 있지만, 전에 한 신부에게 그런 것을 여쭈어본 일이 있었다.

"죽는다는 것은 단 한 번의 경험이므로 천천히 음미해보고 죽는 게 어떨는지요?"

그 신부가 대답하였다.

'단 한번의 경험? 그렇지!' 하고 나는 생각했다. 그러나 단 한번이라도 정말로 싫은 경험은 많으므로 나는 역시 납득하지 못했다. 그러나 신부가 두 번째로 든 이유는 프랭클이 표현한 한 그루의 가스타니안 나무에게서 생의 의미를 발견한 수용소에 수감된 여자 이야기와 거의 비슷한 논리였다.

"일생의 의미를 깨닫는 것은 언제가 될지 알 수 없기 때문에"라고 신부는 말했다. 물론 객관적으로 볼 때는 분명히 임종이 다가온 환자는 고통에 허덕인다든가 혼수 상태에 빠져 있을 뿐 도저히 사고력 따위는 없어 보인다. 그러나 인간은 인간의 생리에 대하여 그다지 과학적으로 이해하고 있지 않다.

죽음이 임박한 환자에게 가끔씩 믿을 수 없을 정도의 편안함이 찾아오고, 아주 잠깐 동안이나마 마치 깊은 못의 물처럼 맑고 분명한 의식이 돌아오는 것 등은 자주 경험하는 일이 아닌가! 이런 극히 짧은 시간 동안에 인간은 일생이 총결산이 될 어떤 상념에 도달할지도 모른다. 그런 기회 (찾아올 확률이 실로 적다 할지라도)를 뻔히 알면서도 빼앗아버리는 그런 일을 해도 좋단 말인가?

"낮은 확률은 문제 삼지 않아도 좋다"라고 하는 이론은 (나는 특히 내 문제에 관해서만 이 규칙을 적용하기를 다소 즐기지만) 그럴 듯해 보이지만 위험한 사상이다. 또 아직 살아 있는 사람의 몸에서 장기를 떼어 다른 사람에게 도움이 되게 하려는 공리적(功利的) 사고 방법과 같은 것이다.

인간의 일생은 부질없는 헛수고의 연속이다. 죽음이라는 최종 목표가 눈에 보이는 인간에게 헛수고란 필요 없는 것이라 한다면 처음부터 살 필요가 없는 것이다.

"건강, 행복 그런 것들은 모두가 눈가리개에 지나지 않는다. 병으로 인 해 처음으로 분명하게 눈이 뜨이게 된다."(야마우치요시오 (山內義雄) 역) 고 마르탱 뒤 가르는 『티보가의 사람들』에서 주인공 앙투안느의 임종의 일기 중에 기술하고 있으나, 그것은 늙음과도 깊은 관계가 있다.

"늘 건강했던 사람은 필연적으로 바보다"라고 뒤 가르는 기술하지만 늙음을 경험하는 것도, 이미 완쾌될 가망이 없는 병과 싸우는 것도 인간이 되기 위한 조건의 하나인 것만은 분명하다.

그러한 일종의 '바람직하지 않은 일'을 체험하게 될 때 이미 당사자가 늙어서 인간적 감성을 상실하고 정신이 흐려져 있는 상태라면 그것이야말로 만세를 외치며 기뻐할 일이 아닐까? 나와 같은 게으름뱅이는 입으로는 그럴 듯한 말을 하면서도 내심 인생의 의미 등은 깨닫지 못해도 좋으니 아무것도 알지 못한 채 편안하게 죽고 싶은 것이다.

글자 그대로 약물로써 안락하게 죽음에 이르게 하는 안락사를 위해서는 의사나 간호사 등 특수한 기능을 가진 사람들 이외에, 우리들 환자는 타인의 도움을 구하지 않으면 안 된다는 사실을 분명하게 염두에 둘 필요가 있다. 그것은 타인에게 살인을 범하게 하는 것이며 그 기억은 상대에게 평생을 두고 괴로운 상처로 남게 될 것이다. 그러나 그러한 것을 전혀 개의치 않는 의사들도 앞으로는 많아질지도 모르는 일이지만….

안락사와 고통을 덜어주는 것과는 별개다. 이 점을 명확히 인식하고 있는 의사가 세상에는 아직도 많이 있다.

늙음에 대처하는 것은 오직 당사자만이 할 수 있는 과제다

생과 사는 늙음의 어느 한 시기에 갑자기 그 농도가 짙어진다. 그것을 어떻게 받아들이는가는 개개인 단 한 사람의 몫이다. 그것을 잘 수습하여 넘어서면 좋겠지만은—제대로 수습하지 못한다 해서 특별히 어떻다는 것도 아니다. 인간의 성공과 실패의 차이는 실은 의외로 극히 작다고 생각된다. 이렇게 말하면 처음부터 아이들이 게으름을 피우게 되므로, 어른들은 차이가 어마어마하게 크다고 하면서 엄포를 놓을 뿐이다.

나는 이 메모의 마지막 부분을 내가 좋아하는 시로 끝맺고 싶었다. 생각 끝에 나는 타고르의 '기탄자리'에서 몇 구절을 뽑았다. 그러나 독자들은 각자가 좋아하는 시나 구절을 맨 마지막 여백의 페이지에 언젠가 스스로 골라 써넣게 되기를 희망한다. 인생에도 만남이 있듯이 詩(死)도 만남이 있을 터이므로. (* 일본어에서「詩」와「死」는 발음이 같음)

"오오! 생의 최후의 완성인 죽음이여, 나의 죽음이여, 여기 가까이 다가와서 나에게 속삭여주오.

날마다 나는 당신이 오기를 기다렸다. 당신을 위해 나의 인생의 기쁨도 고통도 잘 견뎌왔다.

나의 모든 존재, 나의 모든 것, 나의 소망과 사랑의 전부는 늘 당신을 향해 조용히 흘러갔다. 당신이 마지막으로 단 한 번의 눈짓을 보내면 나의 생명은 영원히 당신 것이 되리라.

꽃을 엮어 신랑을 위해 화환이 준비되고 결혼식이 끝나면 신부는 자기 집을 떠나 인적이 없는 밤 홀로 신랑을 만나는 것이다.

나는 알고 있다. 마침내 언젠가 나는 이 세상에서 시력을 잃게 될 것이다. 그리고 생명은 나의 눈 위로 마지막 장막을 드리우고 묵묵히 떠나가버릴 것이다.

그래도 여전히 예전과 다름없이 별은 밤이 새도록 빛나고 아침이면 눈을 뜨게 될 것이다. 그리고 시시각각 바다의 파도처럼 넘실거리며 기쁨과 괴로움을 가져다주리라.

나의 순간 순간이 결국은 이와 같이 종말을 맞게 되리라 생각할 때, 순간 순간의 둑이 무너져내리고 죽음의 빛에 비쳐진 당신의 세계가 고생이 없고 온갖 보물로 가득 차 있는 것을 나는 눈 앞에 생생하게 보게 된다. 그곳에서는 아무리 비천한 자리라도 훌륭한 것이며, 아무리 초라한 생명이라 할지라도 귀중한 것이리라.

내가 얻지 못했던 것, 또한 얻을 수 있었던 것—모두 소용이 없다. 그러나 내가 예전에 멀리했던 것, 보지 못하고 지나친 것, 그것들을 나는 정말로 손에 넣고 싶은 것이다.

이제 헤어지는 거다. 안녕. 형제들이여. 당신들 모두에게 작별 인사를 하고 나는 떠나간다.

나의 방문의 열쇠를 반납한다—그리고 나는 나의 집의 권리를 전부 포기한다. 단지 헤어짐의 순간에 당신들로부터 친절한 말을 듣고 싶다. 오랫동안 가까운 이웃 사이였으나 내가 베푼 것보다는 얻은 것이 훨씬 많았다. 이제 날이 새고 나의 어두운 구석을 비추고 있던 등불이 꺼졌다.

부르심이 왔다. 나는 여행 떠날 채비를 마쳤다.

이 작별의 순간에 나를 축복해주오. 친구들이여. 하늘은 새벽녘의 빛으로 물들고 내가 가는 길은 아름답다. 내가 무엇을 지니고 갈 것인지를 묻지 말아다오. 나는 빈 손으로 여행을 떠나지만 마음은 들떠 있다. 나는 나의 결혼식의 화환을 몸에 걸고 가리라. 나는 칙칙한 색깔의 여장을 하지 않으리라. 그리고 도중에 어떤 위험이 있더라도 두려워하지 않으리라.

나의 여행이 끝났을 때 초저녁 밝은 별이 빛나고 있으리라. 그리고 땅거미의 구슬픈 노래 가락이 성의 정문에서 울려 퍼지리라." (와타나베루히로(渡邊照宏) 역)

1972년

첫 번째 후기 이후 10년이 지난 지금도 일본은 운 좋게도 여전히 평화와 번영 속에 있다. 사람에게도 운이 좋은 사람과 운이 나쁜 사람이 있듯이, 국가에도 행운의 국가와 비극의 국가가 있는 것 같다. 일본은 그 중 행운의 국가라고 말할 수 있을지도 모르겠다.

그러나 모든 사람이 물질적으로 풍요로워지고, 장수가 약속되어져야 비로소 인간이 정신적으로 충만한 삶을 살 수 있다고 하는 것은 그러한 것들과는 전혀 별개의 문제라는 중대한 점을 이해하게 되지 않았나 싶다.

근대 사회에서는 빈곤은 악이었고 단명도 악이었다. 그러나 인간의 정신적인 빈곤이란 때로는 병에 걸리지도 않고, 풍요 속에 있으면서도 오히려 고통받는 기묘한 불행에도 있으며, 단명의 시대에서는 생각할 수도 없었던 장수로 인한 가혹한 만년에도 있는 것이다. 그렇다고 해서 사회에 빈곤이나 단명이 있어 좋다는 것은 아니다. 단지 이런 사회가 되면 모든 게 다 해결된다는 식의 단순한 진보주의자의 환상에 우리들이 질질 끌려 다니게 되면 곤란하다는 것이다.

전세계에서 일본만큼 정치 이념에서나, 일상의 생활에서나 신이 없는 국가는 드물다. 신이 없어도 잘 해나갈 수 있다면 그것으로 상관없으

277

나, 앞으로 일본인은 물질이 해결할 수 없는 이런저런 문제에 직면하게 될 것이다. "인간은 우선 빵으로 산다"고 생각해 그것을 실행해온 이후에 "인간은 빵만으로 살 수 있는 것이 아니다"는 것을 강렬하게 인식하게 된다. 그리고 이 육체와 정신의 기아감은 어느 쪽도 선택하기 어려울 정도로 괴로운 일이라는 것도 그때에 비로소 실감하는 것이다. 빵이 있으면 해결된다고 생각할 수 있었던 시대는 그래도 편했다. 물질이 있으면서도 정신의 빈곤을 구제하는 것이 사회에 있어서도 개인에 있어서도 훨씬 힘든 작업이다.

이탈리아 아시시 태생인 성 프란시스코는 부유한 상인의 아들로 태어나 젊었을 때에는 여느 사람과 마찬가지로 세속적인 입신 출세를 동경했으면서도 모든 것을 버리고 걸식 중처럼 되었다. 그는 정신과 물질 중 어느 하나를 선택하게 된다면 어느 쪽을 충족시키는 것이 좋은가를 신중히 생각해 그 하나를 선택했을 거라고 나는 생각한다.

나는 요즈음 만년에 있어서 필요한 네 가지를 허용(許容), 납득(納得), 단념(斷念) 그리고 회귀(回歸)라고 생각하게끔 되었다. 이 책의 각 항목은 부분적으로 이런 것들을 언급하고 있다. 즉 이 세상에 일어날 수 있는 모든 선과 악이 어떤 의미를 갖는다고 생각하게 된 것이 허용이며, 내 자신에게 일어난 여러 가지 상황을 정성을 다해 의미를 부여하려는 것이 납득이다. 종교적으로 말하면 그것은 신의 의지를 자신에게 일어난 모든 것에서 보고자 하는 노력이다. 갈망했으나 이루지 못했던 것은 어떠한 인간의 생애에도 있으며, 그때 집착하지 않고 슬그머니 물러날 수 있다면 오히려 여유 있고 온화한 인간이 될 수 있다고 생각하는 것이 단념이다. 그리고 회귀란 사후 어디로 돌아갈 것인가 생각하는 것이다. 무(無)라도 좋으나 돌아갈 곳을 생각하지 않고 출발하는 것은 어리석은 일이다.

"시간은 점점 줄어들고 있다"고 성 파울로는 현세의 덧없는 시간의 빠름을 경고했다. 내가 좋아하는 말이기도 하다.

1982년

관념적으로 노년에 대해 쓰는 것이 아니라, 노인 당사자가 되면 다시 내용을 고쳐달라고 하는 편집부의 요청은 지극히 당연한 것이라고 생각했기 때문에 나는 처음으로 이 책을 쓴 지 24년 만에 이 책을 다시 손질하기로 했다. 도중에 한 번 정리를 한 적도 있었으나 이번에는 약간 시간을 들여 보충을 했다. 손질했다고는 하지만 고쳐 쓴 부분은 극히 적고 대부분 가필을 한 것이다. 완성된 것에 대해서 편집부가 '완본(完本)'으로 한다고 해, 나는 상당히 당혹스러웠다. 이유는 단순했다. 인간이 하는 일에 완전 따위란 있을 리가 없기 때문이다. 단지 작가의 경우는 그가 세상을 뜨면 완본이 되겠지만, 그렇지 않는다면 독자를 기만하는 일이 될 것이다.

그러나 그것도 괜찮을 거라고 생각을 고쳐먹었다.

근래 수년 간 나는 주변에서 일어나는 작은 일들에 대해 더 이상 거역하지 않게 되었다. 나와 관계 있는 사건의 결과에도 책임지려들지 않게 되었다는 편이 오히려 맞는 말인지도 모르겠다.

내가 결코 원하지 않았던 일이었으나 어쩔 수 없이 그렇게 되어버린 것이 살아오는 동안 비일비재했고, 그것은 내 자신이 책임을 지려고 해도 이미 나로서는 어쩔 도리가 없는 내 능력 밖의 일이라는 실감을 했기 때문이었다. 하물며 독자를 기만하는 일쯤이야 뭐 그리 나쁜 일이겠나 싶어….

이것이 노화의 교활함과 즐거움의 경지일까? 비난을 받는다면 겸연 쩍게 웃고 있을 수밖에.

그러나 완본이든 미완본이든 이 책을 마무리함에 있어서 최근에 느 끼게 된 인간의 커다란 함정에 대해서 집고 넘어가야 마땅하다는 생각 이 든다. 이것은 반드시 일본 노인만이 받는 병적인 영향이 아니고 일본 전체 특히 아이들이 받는 커다란 영향이기도 하다.

그것은 먹는다는 것 즉 살아가는 것에 대한 불안이 사라짐과 동시에 커다란 불만과 불안에 휩싸이게 되는 얄궂은 인과 관계인 것이다.

지금부터 30여 년 전 나는 인도에서 일본인 의사와 간호사가 경영하 는 한센병(나병) 전문 병원에 있었다. 물론 소설을 쓰기 위해서 약간의 공부가 필요했기 때문이었다.

인도에는 그 당시 약 500만 명 정도의 환자가 있다고 했다. 그리고 그 들의 99퍼센트가 빈민들이었다. (다행스럽게도 한센병은 바야흐로 종 식 선언을 할 만큼 환자 수는 감소되었다.) 당시도 환자에 대해서는 무 료로 약을 나누어주었지만 그 약을 자신은 먹지 않고 그대로 곧바로 팔 아버리는 사람도 흔했다. 그렇게 하면 자신의 아내와 자식에게 먹을 것 을 사줄 수 있었기 때문이었다. 그러므로 초진에서 병이 아니라고 진단 받은 환자 중에는 기뻐하기는커녕 의사 앞에서 떠나지 않고 어떻게 해서든 한센병으로 인정해달라고 떼를 쓰는 사람도 있었다.

환자 중에 이가 빠진 할아버지로 생각되는 한 분이 있었다. 아마 내가 할아버지라고 생각한 사람은 40세나 45세 정도쯤 되지 않았을까 싶다.

그 사람은 오래 된 환자로 병원 사람들과도 익히 잘 알고 있었으나 그 날은 여느 때와는 다르게 쭈그러진 입을 활짝 벌리고 웃고 있었다. 딸이 시집을 갔다는 것이 그 미소의 이유였다. 인도의 청년은 일찍 결혼하고 여자들도 십대에 시집을 가기 때문에 40세에 신부의 아버지가 된다는 것은 그리 드문 일은 아니었다.

그는 축하의 의미로 우리들 모두에게 먹으라고 하면서 신문지로 싼 것을 간호사에게 건네주었다. 인도인 환자들에게는 진찰도 투약도 한센병이라면, 모두 무료였고 환자들도 감사의 말을 하는 사람들은 좀처럼 없었을 뿐 아니라 하물며 의사나 간호사에게 줄 선물을 갖고 오는 사람은 극히 드물었기 때문에 그것은 정말로 귀한 하나의 사건이라 할 수 있었다. 신문지를 펴보니 그 안에는 20개 정도의 과자가 들어 있었다.

나는 그와 비슷한 과자를 거리의 상점이나 길목에서 팔고 있는 것을 보아왔다. 나는 단 것을 별로 좋아하지 않으며, 그런 과자에는 먼지가 쌓여 있는 것이 당연해 파리와 벌레들이 수박의 씨처럼 바글바글 모여 들어 있었기 때문에 사 먹고 싶다는 생각은 해보지도 않았다. 그러나 신부 아버지의 축하의 기분을 헛되게 할 수 없었다.

나는 과자를 한 개 받아 한 입 입에 넣었다. 머리 끝까지 진동할 정도로 아주 강렬한 단맛이었다. 다른 맛을 잘 느낄 수 없을 정도였다. 그러나 나는 그 과자에 담긴 행복의 무게를 그 순간 음미할 수 있었다.

일본에서는 그런 보잘것없는 과자는 사람들에게 더 이상 행복을 주지 않게 되었다. 살이 찌니까 필요 없다든지, 너무 달아서 싫다든지 하며 기피하는 것이다. 그러나 그 신부의 아버지에게는 병원의 스텝에게까지 단 과자를 나누어줄 수 있는 그런 호사스러운 기회란 두 번 다시 있을까 말까 하는 사건이었다. 그리고 그가 속한 사회에서 그렇게 강렬한 단맛이 나는 과자는 그 당도만큼의 진한 인생의 행복을 의미하고 있었다.

노년은 스스로 자신의 행복을 발견할 수 있을지 어떨지에 대해 책임이 있다. 병과 건강, 빈곤과 풍요로움. 어느 쪽이 좋은가 묻는다면 물론 후자 쪽이 좋다고 하는 것은 자명한 일이다. 그러나 거기에서 행복을 발견할 수 있을지 어떨지는 전혀 다른 문제인 것이다.

먹는 것조차 만족스럽지 못한 빈곤 속에서 살고 있는 사람들을 나는 너무도 많이 보아왔다. 나는 줄잡아 60년대 전반을 아프리카, 남미, 중동, 아시아의 일부에서 세계적 수준의 빈곤을 직접 경험하며 지냈기 때문이다. 빈곤을 '본다'는 말도 '경험한다'는 말도 내가 가난한 사람들의 고뇌를 곁에서 관망하고 있는 듯한 왠지 우쭐거리는 무례(無禮)를 풍기기 때문에 나는 싫었다.

그렇다면 어떻게 말해야 좋을까? 오해받는 것이 두려워 그만둔다면,

일본인으로 빈곤을 알고 있는 사람도 빈곤에 대해 말할 자격이 있는 사람도 한 사람도 없을 것이다.

오늘날 먹을 것이 없는 사람이 저녁 식사로 빵 한 조각을 얻는 것은, 전세계를 충족시킬 정도의 위대한 행복을 차지하는 것과 같다. 그러나 호강에 젖은 일본의 어린아이들에게 곁들인 것도 없이 버터도 없는 빵 한 조각을 저녁 식사로 주게 되면 불만과 비참함의 극치로 여기게 된다.

일본의 노인들조차도 이런 구조를(현상을) 이해하지 못하는 사람이 늘기 시작했다. 풍요로워지면 질수록, 사회가 발전하면 할수록 그만큼 불만을 품는 노인들은 늘어날 것이다.

"나는 벌거숭이로 어머니의 뱃속에서 나왔다"라는 말은 구약 성서 중에 몇 번씩이나 되풀이되는 말이지만, 정말이지 우리들은 누구 할것 없이 재능도, 돈도, 옷도, 건강도 어느 것 하나 지니지 않은 채, 이 세상에 태어났다. 이러한 것을 생각하면 아주 조그마한 것일지라도 지금 내가 뭔가 지니고 있다는 것은 실로 위대한 은혜라 아니할 수 없다.

노년의 행복은 이런 판단이 가능한가, 어떤가일 것이다. 노년의 행복은 (정신이 흐려질 때까지는) 어린아이들과는 달리 스스로의 행복을 발견하는 데 책임이 있다. 인생의 마지막 기량을 보여줄 부분이다.

1996년 봄

인생에는 세 가지 고개가 있다. 오르막 고개와 내리막 고개 그리고 설마 하는 뜻밖의 고개. 뜻밖의 고개라는 인생의 덤과 같은 행운은 어느 날 우연히 예기치 않은 순간에 예기치 않은 모습으로 다가오는 거라고 나는 그렇게 믿고 있다.

"나는 일본어를 모르지만 이 책 참 괜찮다는데, 번역 한 번 해보지 않을래?"

소노 아야코의 『계로록』과의 나의 첫 만남은 1997년 가을 뜻밖의 길목에서 그렇게 우연히 시작되었다. 행운은 우연과 필연 사이를 거닐고 있다더니만, 인생의 내리막 고개 길에서 주춤거리고 있을 때, 나는 운 좋게도 산책 나온 행운과 마주친 것이다.

이 책을 계기로 내가 번역의 길로 들어서게 될 줄이야….

그리하여 새로운 낯선 길에서 많은 사람과의 아름다운 만남으로 살아가는 즐거움을 갑절 만끽하게 될 줄이야….

번역을 마치고 나서 제일 먼저 아버지께 보여드렸다.

"이건 꼭 내가 살아온 얘기고 앞으로 내가 살아갈 길을 말해주는 내 맘과 꼭 같은 책이로구나."

아버지의 그 말씀 한 마디는 이 책을 7년 만에 처음부터 다시 손질하는 동안 가장 든든한 백이었고, 번역의 노동은 어느샌가 아버지를 다시금 추억할 수 있는 기분 좋은 작업이 되었다.

'인생에 유효 기간이란 없고, 꿈이 있는 한 인생에 정년은 없다.' 번역을 마친 나의 감상은 7년 전의 생각과 전혀 다를 바 없다. 내 앞에 길이 놓여있는 한 나는 어디로든 나아갈 것이다. 내 앞에 길이 보이지 않으면 나의 길을 스스로 만들며 걸어갈 것이다. 또 누가 알랴? 이미 남들 다 지나간 먼 발치에서 한 발자국 한 발자국 터덜터덜 걸어가다보면 또 다른 행운과 맞닥뜨리게 되는지를.

이 책을 맨 처음 내게 건네주셨고 지난 십 수년 간 내가 걸어가는 길목 길목마다 늘 사랑과 격려로 말없이 지켜봐주시는 박경자 선생님, 기적처럼 이 세상을 사시다 떠나가신 아버지, 그리고 생의 마지막 순간까지 외롭고 힘들게 치매로 투병 중이신 어머니, 나는 언제까지고 이분들을 잊을 수는 없다. 역시 가장 먼저 달려가 감사의 인사를 전하고 싶은 이들이다.

2004년 6월 오경순

옮긴이 오경순

일본어 전문 번역가, 고려대학교 강사, 고려대학교 일본학연구센터 연구원.
옮긴 책으로《행복하게 나이드는 비결—소노 아야코의 중년이후》,
《나는 이렇게 나이들고 싶다—소노 아야코의 계록록》,《사람으로부터 편안해지는 법》,
《긍정적으로 사는 즐거움》,《녹색의 가르침》,《덕분에》,《날마다 좋은 날》 등이 있다.

나는 이렇게 나이들고 싶다

1판 1쇄 발행 2004년 7월 16일
1판 10쇄 발행 2007년 8월 21일

지은이 소노 아야코
옮긴이 오경순

펴낸이 김현정
펴낸곳 도서출판리수

기획· 홍보 김현주
북디자인 알디

등록 제4-389호(2000년 1월 13일)
주소 서울시 성동구 행당동 328-1 한진노변상가 117호
전화 2299-3703
팩스 2282-3152
홈페이지 www.risu.co.kr
이메일 risubook@hanmail.net

© 2004, 도서출판리수

ISBN 89-90449-20-0 03830
※ 책값은 뒤표지에 있습니다.
※ 잘못 제본된 책은 바꾸어 드립니다.